民族之魂

敬业成才

陈志宏◎编著

延边大学出版社

图书在版编目（CIP）数据

敬业成才 / 陈志宏编著 . -- 延吉：延边大学出版
社，2018.4（2023.3 重印）
　（民族之魂 / 姜永凯主编）
　ISBN 978-7-5688-4492-5

Ⅰ . ①敬… Ⅱ . ①陈… Ⅲ . ①品德教育—中国—青少
年读物 Ⅳ . ① D432.62

中国版本图书馆 CIP 数据核字（2018）第 069507 号

敬业成才

————————————————————————————

编　　　著：陈志宏
丛 书 主 编：姜永凯
责 任 编 辑：孙淑芹
封 面 设 计：映像视觉
出 版 发 行：延边大学出版社
社　　　址：吉林省延吉市公园路 977 号　　邮编：133002
网　　　址：http://www.ydcbs.com　E-mail：ydcbs@ydcbs.com
电　　　话：0433-2732435　　　传真：0433-2732434
发行部电话：0433-2732442　　　传真：0433-2733056
印　　　刷：三河市同力彩印有限公司
开　　　本：640×920 毫米　　　1/16
印　　　张：8　　　　　　　　字数：90 千字
版　　　次：2018 年 4 月第 1 版
印　　　次：2023 年 3 月第 3 次印刷
ISBN 978-7-5688-4492-5

————————————————————————————

定价：38.00 元

人有灵魂，国有国魂；一个民族，也有民族魂。

鲁迅先生曾经说过："唯有民魂是值得宝贵的，唯有他发扬起来，中国才有真进步。"

鲁迅先生以笔代戈，战斗一生，曾被誉为"民族魂"。

民族魂，顾名思义，就是一个民族的灵魂！民族魂，是一个民族的精髓，体现了一种民族的精神，是一个民族生存和存在的精神支柱。

什么是中华民族的民族魂？那就是中华民族精神！它是中华民族凝聚力的理念核心，是中华文明传承的基因。它包含热烈而坚定的爱国情感，对生活的美好愿望和追求，为目标努力奋斗的拼搏毅力，为正义事业不惜牺牲自己的精神，以及正确的人生观和价值观。

前言

翻开浩瀚的中国历史长卷，我们可以看到数不胜数的，体现民族精神和民族魂的英雄人物和可歌可泣的感人故事。

民族魂，不仅体现在爱国主义精神和行动中，而且体现在各个领域自强不息的民族奋斗中。而中华民族精神的力量，更是深深植根于延绵几千年的传统文化之中，始终是维系中华各族人民共同生活的纽带，是支撑中华民族生存和发展的精神支柱，是不断推动中华民族前进的强大动力。

民族魂体现在"重大义，轻生死"的生死观中；民族魂体现在"国家兴亡，匹夫有责"的使命感中；民族魂体现在"我以我血荐轩辕"的大无畏精神中；民族魂

体现在将国家利益置于最高的爱国情怀中！

纵观中华五千年文明史，曾经有多少杰出的政治家、军事家、思想家、文学家、科学家、艺术家；曾经有多少忧国忧民、鞠躬尽瘁的仁人志士；曾经有多少抗击外敌、英勇献身的民族英雄。他们或顺应历史潮流，积极改革弊政，励精图治，治国安邦，施利于民；或为人类进步而不断进行着农业、工业、科技、社会等各种创新；或开发和改造河山，不断创造着灿烂的中华文明；或英勇反击外来侵略，捍卫着国家主权和民族尊严；或坚决反对民族分裂，维护国家的统一……他们从不同的侧面，体现了中华民族的民族魂，谱写了几千年中华文明的壮丽诗篇，铸造了中华民族高尚而坚不可摧的"民族之魂"。

民族魂，就是爱国魂。从屈原在汨罗江边高唱的《离骚》，到文天祥大义凛然赴死前的"人生自古谁无死，留取丹心照汗青"的诗句；从岳飞的岳家军抗击入侵金兵，到郑成功收复台湾；从血雨腥风的鸦片战争，到硝烟弥漫的十四年抗战，再到抗美援朝的隆隆炮声……哪个为国捐躯的英雄不是可歌可泣的？

民族魂，就是奋斗魂。从勾践卧薪尝胆，到司马迁秉笔直书巨著《史记》；从鉴真东渡传播佛法终在第六次成功，到詹天佑自力更生建铁路；从袁隆平百次实验成为"水稻之父"，到屠呦呦的青蒿素获得诺贝尔奖……哪个不是历经艰难，最终取得成功？

民族魂，就是改革献身魂。从管仲改革到商鞅变法；从王安石变法到百日维新……哪次变法图强不是要冲破旧势力的阻挠，或流血牺牲？

民族魂，就是创新魂。古有毕昇发明活字印刷，今有王选计算机照排；古有指南针、造纸术、火药、浑天仪、地动仪的发明，今有神舟号的相继飞天……哪个不是中华民族的智慧结晶？

自古以来，多少仁人志士为了维护人格的尊严和民族气节，以生命为代价！留下了"玉可碎不可污其白，竹可断不可毁其节"的称颂；有多少英雄豪杰，为理想和事业奋斗，面对死亡的威胁，大义凛然；有多少爱国壮士面对侵犯祖国的列强，挺身而出而献出生命。

伟大的中华民族孕育了五千年的辉煌，五千年的历史留下了璀璨的中华文明。

前 言

中国人的血脉流淌着顽强不屈的精神！我们的先辈用血汗和生命铸就了不朽的中华民族魂！换得如今中华大地的一片祥和安宁，换得我们现在的幸福生活。如今，我们要实现习近平主席提出的中国梦，依然需要我们秉承祖辈留下的这种"民族魂"。

青少年是国家的希望，亦是民族的未来。因此，爱国主义教育和励志图强教育要从青少年开始。为了增强对青少年的民族精魂和志向教育，我们精心编写了本套丛书——《民族之魂》丛书。

本套丛书将我国有史以来体现民族精神和民族魂的典型事迹，以通俗易懂的语言故事形式展现出来，适合青少年的阅读水平和欣赏角度。书中提供的人物和事件等故事，涉及社会的各个方面，有利于青少年学习和理

解，使读者能全方位地领悟中华民族精神。

　　为了帮助读者更好地理解和吸收故事的精神，编者在每篇故事后还给出了"心灵感悟"，旨在使故事更能贴近现实社会，让读者结合自身的需要学习领会，引发读者更深入的思考。

　　希望读者们可以从本套图书中获得教益，通过阅读，真正体会到中华民族之魂所在，同时能汲取其精华，不断提升自己各方面的素质和品格，为祖国新时代的建设和发展做出努力。

　　全套丛书分类编排，内容详尽，风格独具，是广大读者尤其是青少年爱国励志教育的优秀阅读材料。相信本套丛书一定可以成为青少年朋友的良师益友。

民族之魂

　　敬，在《说文》里释为"肃"。《诗经·闵予小子》中说："夙夜敬止。"又有"慎"的意思。《文选·张衡赋》有"敬慎威仪"的意思。本书所说的"敬"是从敬业的角度出发，严肃地选择职业，认真地做好本职工作，在自己的工作中做出成绩，是为"敬业"。中华民族是个很讲敬业的民族，远古时期就有以职业为姓氏的事例，如车氏，是因世代造车而以车为姓氏。此外还有太史氏、司徒氏、司马氏等。如果对自己的祖业不精通，或数典忘祖，是要被人耻笑或被人看不起的。随着历史的发展，世业已不再和姓氏有联系，但世业的传统却依然流传，这就是后来所说的家学渊源。

　　现在我们讲的敬业，主要是指忠于职守，做好自己的本职工作。敬业是社会对每一个有工作能力的成员最起码的要求，也是每个人对社会应尽的最基本义务。社会分工不同，只有从事不同职业的人都恪尽职守，社会组织才能正常运转，社会生活才能平稳运行，否则社会机器就会发生混乱，这就要求人们干一行，爱一行，专一行。不管我们从事的职业多么平凡，都是社会需要的工作，没有高低贵贱之分。那种把职业分成三六九等的思想和做法，都是我们所不能认同的。

有的人根据收入高低选择职业，这种思想本无可厚非，但不同职业的不同收入是有经济规律的。马克思在《资本论》中阐述复杂劳动和简单劳动的报酬差异问题中提到："钟表匠因有学徒时的预付劳动成本，所以以后的工资相应就比搬运工高。"这就是在举例说明工作收入不能划一的原理。所以，想要选择收入高的职业，必须要有预付劳动成本的过程——学习。

敬业才能成才。选对工作，干好工作，是敬业成才的基本条件。社会需要人才，无论干什么工作，只要干得好自然就能熟能生巧，巧中求精，当然也就成才了。成才并不难，但必须从敬业开始，这样，我们的社会才会自然有序地健康发展。在建设具有中国特色社会主义市场经济的大潮中，更要求我们发扬中华民族的敬业精神，各安其业，各勤其业，在自己的本职工作中做出成绩。

本书中，我们选编了一些体现敬业成才的典型案例，通过阅读这些故事，希望读者能够从中受到教益和启迪，学习他们一心一意干好本职工作的品质，学习他们热爱本职工作、在平凡的职业中创造不平凡业绩的精神。在自己今后的工作中，首先做到干一行爱一行，敬业守职，成为建设社会的栋梁之才，为中华民族的建设大业贡献自己的力量。

目录
CONTENTS

第一篇　业精于勤

2　李时珍重实践观察

6　祖冲之百般求证出真知

9　老舍笔耕不缀

12　斯霞一心教书育人

15　高玉宝自学成才著书

22　徐虎平凡岗位做出不平凡

第二篇　为国守职

26　康里脱脱精心侍主

30　郭太教学有方

33　张骞不辞辛苦开丝路

37　余玠为国招贤纳士

41　方永刚与真理同行

第三篇　爱岗敬业

46　王清任开拓中医新天地

52　陈景润斗室攻坚

56　"两弹元勋"邓稼先

60　中国气象专家竺可桢

65　李四光让中国摘掉贫油帽子

68　华罗庚的学术精神

第四篇　自学成才

74　袁正海是这样的钳工

77　"金牌农民工"徐万年

81　杨晓刚爱岗爱发明

85　许振超三十年如一日

90　曾蛟干一行爱一行

93　军事气象专家黄衍洪

第五篇　舍身为民

98　冷鼎亨为官勤苦自励

103　舍身救火的向秀丽

106　任长霞因公殉职

110　人民的好公仆牛玉儒

第一篇

业精于勤

李时珍重实践观察

李时珍（1518—1593），字东璧，晚年自号濒湖山人。湖北蕲州（今湖北省黄冈市蕲春县蕲州镇）人，汉族。中国古代伟大的医学家、药物学家，他曾参考历代有关医药及学术书籍800余种，结合自身实践和调查研究，历时27年编成《本草纲目》一书。《本草纲目》是我国古代药物学的总结性巨著，在国内外均有很高的评价，现在已有多种文字的译本或节译本。李时珍还著有《濒湖脉学》《奇经八脉考》等。

李时珍年轻时本来是打算走做官入仕的道路的，但参加了三次科举考试都以失败告终，又因为家里老父亲得了重病，这些都使他下决心要做一名救死扶伤、解危济难的医生。

李时珍行医之后，苦心钻研古代医药理论，精心为病人施治，很快声名鹊起，赢得了家乡父老的信赖。在大量的医疗实践过程中，李时珍发现，古代流传下来的医药典籍中有许多精华，但有些典籍谬误太多，如果陈陈相因，以讹传讹，轻则拖延病症，重则误人性命，因此必须在实践中积累材料，纠正这些谬误。

李时珍家乡的山野中有三样特产：一名蕲竹，一名蕲艾，一名蕲蛇，其中蕲艾也是入药之物。李时珍的父亲李言闻也是一名医生，曾写了一篇《艾叶传》，对蕲艾的生长特点及药理、药性作了详尽的记述。李时珍对蕲蛇很感兴趣，也想仿效父亲写一篇《蕲蛇传》，记下蕲蛇的特征和药用功效。

开始时，李时珍只是从药贩那里购买一种名为蕲蛇的白花蛇进行观察和入药，后来他渐渐发现，这种买来的白花蛇与传说中的蕲蛇药效不太一样。因此，李时珍下决心弄清其中的原委，于是便到蕲蛇产地——城北龙峰山寻找白花蛇。

据当地的老人说，龙峰山出产的白花蛇，"其走如飞，牙利而毒"，如果不小心被这种蛇咬伤，轻则立即截肢，重则顷刻丧命。但是，李时珍为了搞清白花蛇的真相，早将自己的安危置之度外，毫不犹豫地登上了龙峰山。

在山上，李时珍亲眼看到了白花蛇吃石南藤的情景以及当地人捕捉白花蛇的场面，也亲眼目睹了捕蛇药农在捕到蛇后将其破腹去肠、洗涤干净、截头去尾、曲折盘起、扎缚烘干的制作过程。在这里，李时珍终于搞清了药贩们出售的白花蛇是从长江南岸的兴国州捕来的。虽然同为白花蛇，但和当地特产蕲蛇的花纹、药用功效却是大不相同。于是，他根据自己的考察，写下了《白花蛇传》。

通过这件事，李时珍更加认识到实践的重要性。于是，他下决心游历天下，通过访问猎户、樵夫、药农等有实践经验的民众，并亲自调查各地的药物来丰富自己的知识，纠正药典记载中的谬误。

多年后的一天，李时珍正在审读《本草纲目》的书稿，他的四孙子李树本走上前来，递给李时珍一幅插图，问："爷爷，你看这幅白花蛇图是这样画吗？"

李时珍接过白花蛇图一看，严肃地对树本说："图画得倒不错，但有两点重要的地方你疏忽了：一，蕲州产的白花蛇，肋下有二十四块斜方格花纹，而你只画了二十块；二，此蛇死后，睁着眼睛，而你却将眼睛画成一条线。而这两点，恰恰是蕲蛇和外地白花蛇的不同之处啊！"

树本听了爷爷这一番话，十分佩服爷爷知识的渊博和一丝不苟的敬业精神。

■故事感悟

李时珍为了弄清白花蛇的形态，验证典籍记载，亲自上山观察白花蛇的体态和进食情况，记录了当地人捕蛇过程中的每一个细节活动，不仅弄清了白花蛇的种类，还为后来编写《白花蛇传》积累了重要材料。他一丝不苟的敬业精神不仅是医生的典范，对后人的求学做事态度等都深有启发。

■史海撷英

李时珍戒食胡椒

明代医学家李时珍曾经在自己所著的《本草纲目》中写下了这样一段话："胡椒大辛热，纯阳之物……时珍自少食之，岁岁病目，而不疑及也。后渐知其弊，遂痛绝之，病目亦止。"

据说，李时珍年轻的时候经常患眼病，却始终找不出病因。后来他渐渐发觉，自己年年复发的眼疾竟与自己平时特别爱吃的胡椒有关。在停食胡椒一段时间后，眼病就康复了；但试吃了一两粒之后，很快又觉得双目干涩，视力模糊。为此，李时珍特在《本草纲目》中予以指出，以示后人。

辨识白花蛇

白花蛇是蝰蛇科动物尖吻蝮(五步蛇)的干燥全体。白花蛇主产于湖北、浙江、江西、福建等地，以条大、干燥、头尾齐全、花纹斑块明显者为佳。

小白花蛇又名金钱白花蛇、花蛇、小花蛇、百节蛇、银环蛇、金钱蛇、金钱薪蛇，是眼镜蛇科银环蛇(银报应、寸白蛇、白菊花、断肌甲、多条金甲带、百节蛇、白节蛇、手巾蛇)的幼蛇。将小白花蛇除去内脏，盘成圆形如钱币大，功效与白花蛇相似，但用量较轻。小白花蛇主产于广东、广西等地，非白花蛇正品。小白花蛇入药以头尾齐全、干燥、色泽明亮、盘小者为佳。

祖冲之百般求证出真知

祖冲之（429—500），字文远。汉族，南北朝时期人。我国杰出的数学家、科学家。在数学方面，祖冲之著有《缀术》一书，被收入著名的《算经十书》中，作为唐代国子监算学课本，可惜后来失传了。在天文历法方面，祖冲之创制了《大明历》，最早将岁差引进历法。

祖冲之出生在南北朝刘宋王朝时代，他的祖父和父亲都是对天文历法很有研究的学者。所以，他从小就受到很好的科学启蒙教育。

幼年时期的祖冲之酷爱数学和天文。有一天，他在一本书上看到"圆周是直径的三倍"这种说法，第二天一早，他便上街找了一辆车，然后蹲在地上认真地用绳子量车轮的长度和直径，量来量去，量了好几辆车，发现周长总是要比直径长三倍多一点儿。

正是这种亲身求证的经历，让祖冲之养成了实践的好习惯，也让他的数学知识日积月累，渐成大家，为日后精确计算圆周率积累了资本。

圆周率是圆周的长度和直径长度的比，是一个无限不循环小数，而

且各位数字的变化又没有规律。通常把圆周率定为3.1416，这个数字实际上比圆周率稍大些，祖冲之确定的圆周率是在3.1415926和3.1415927之间。祖冲之计算的圆周率是精而又精，这个精确度直到1000多年后才被阿拉伯一位数学家打破。

祖冲之计算圆周率的过程十分精巧。

首先，他在一个圆里画内接正多边形，然后再计算这个正多边形的总边长，就可以得到圆周的近似值。正多边形的边数越多，总的边长和圆周就越接近。

祖冲之从圆的正六边形开始，先算内接正十二边形的边长，再算内接正二十四边形的边长，接着算内接正四十八边形的边长。边数还在一倍又一倍地增加，一共要翻十一番，直到算出内接正12288边形的边长，才能得出这样精密的圆周率。

而内接正多边形的边数翻十一番，每翻一番至少要进行7次运算，其中除了加减，有两次是乘方，两次是开方。祖冲之算出来的结果有6位小数，那么他在运算中小数至少要保留12位。加减还省点事，12位小数的乘方、开方，运算起来十分麻烦，没有坚定的毅力和熟练的技巧是根本无法完成的。

后来，为了纪念这位伟大的古代科学家，人们将月球背面的一座环形山命名为"祖冲之环形山"，把小行星1888命名为"祖冲之小行星"。

■故事感悟

敬业是一种态度，更是一种精神。正是这种精神让祖冲之严格要求自己，勤动脑，勤思考，勤实践，终于创造出了千百年前科学研究史上的一段辉煌。

祖冲之的小发明

祖冲之不但证明了圆周率，还制造出了很多有用的劳动工具。他看到劳动人民舂米、磨粉很费力，就制造了一种粮食加工工具，叫做水碓磨。

祖冲之还设计制造过一种千里船。它是利用轮子激水前进的原理制造而成的，一天能行驶100多里。

根据春秋时期的文献记载，祖冲之还制造了一个"欹器"，送给齐武帝的第二个儿子萧子良。欹器是古人用来警诫自满的器具。器内没有水的时候是侧向一边的，里面盛水以后，如果水量适中，它就竖立起来；如果水满了，它又会倒向一边，把水泼出去。这种器具，晋朝的学者杜预曾试制过三次都没有成功，但祖冲之却仿制成功了。

魏晋南北朝时期的妇女发式

魏晋南北朝时期，妇女发式与前代有所不同。魏晋时期，所流行的"蔽髻"是一种假髻。晋成公在《蔽髻铭》中曾对此做过专门的叙述，其髻上镶有金饰，各有严格制度，非命妇不得使用。

普通的妇女除了将本身的头发挽成各种各样的样式外，也有戴假髻的。不过，这种假髻比较随便，髻上的装饰也没有蔽髻那般复杂，当时被称为"缓鬓倾髻"。

另外，不少妇女还模仿西域少数民族的习俗，将发髻挽成单环或双环的髻式，高耸发顶。还有梳丫髻或螺髻的妇女。在南朝时期，由于受佛教的影响，不少妇女还在发顶的正中分成髻鬟，做成上竖的环式，谓之"飞天髻"。这种发式最初是在宫中流行的，后来在民间也逐渐普及。

老舍笔耕不缀

老舍（1899—1966），原名舒庆春，字舍予。现代著名作家、人民艺术家、杰出的语言大师。满族正红旗人，北京人。老舍这一笔名最初在小说《老张的哲学》中使用。老舍的一生都是在忘我地工作，是文艺界当之无愧的"劳动模范"。他发表了大量影响后人的文学作品，并获得了"人民艺术家"的称号。

老舍生于北京一个贫穷的家庭，父母为他取名"庆春"，大概含有庆贺春来、前景美好之意。舒庆春上学后，自己更名为舒舍予，"舍予"是"舒"字的分拆：舍，舍弃；予，我。含有"舍弃自我"，亦即"忘我"的意思。

关于"老舍"这个笔名，是他在1926年发表的长篇小说《老张的哲学》时首次使用的。他在"舍予"的前面添了一个"老"字，而后面去掉"予"字，便成了现今人们熟知的"老舍"。老舍这个笔名并不表示年龄大，而是含有一贯、永远的意思，合起来就是一贯、永远地"忘我"。

老舍的一生，也的确都在忘我地工作着，是文艺界当之无愧的"劳动模范"。老舍自己曾说过："我终生都是在拼命地写，发表也好，不发表也好，我要天天摸一摸笔。"

正因为如此，老舍一生笔耕不辍，创作了《骆驼祥子》《四世同堂》《茶馆》《二马》《龙须沟》等大量的文学作品，从而赢得了"人民艺术家"的崇高赞誉。"舍予""老舍"，就是他一生忘我精神的真实写照。

抗战时期，老舍也不可避免地卷入了时代的旋涡。他先后在济南、武汉、重庆等地与演唱曲艺的艺人一起讨论编写抗战鼓词，自己也利用各种旧形式写了不少宣传抗战的通俗作品。

夫人胡絜青刚刚从北平到重庆时，就向老舍提供了敌伪统治下故乡人民的苦难和抗争的大量素材。此后，老舍的作品中也逐渐以浓烈的油彩，描绘出了民族存亡关头北平这座古老城市的众生相，细致地刻画了深受传统观念束缚的中下层居民的内心冲突，以及由此萌发的觉醒，同时也蕴含着对于他们的鞭挞和期待。在关于北京市民的众多描绘中，老舍也增添了不少丰富多彩且有一定思想深度的画幅。

1944年，茅盾曾经指出，如果没有老舍先生的任劳任怨，抗战文艺家的大团结恐怕不能那样顺利迅速地完成，而且，恐怕也不能艰难困苦地支撑到抗日战争即将胜利的时期。

■故事感悟

老舍先生将自己的一生奉献给了文坛，奉献给了自己热爱的事业，其忘我的敬业精神正是其笔名的真实写照。

■史海撷英

赵大年与"二爹"的故事

老舍的侄子赵大年曾讲述了他与二爹老舍之间的故事。

1953年，赵大年成为抗美援朝志愿军中的一员。有一次，赵大年对率团前去慰问志愿军的二爹老舍提出，自己想回国考戏剧学院，读大学，日后当作家，老舍当时给他的答复是"我考虑考虑"。

慰问团回国后，赵大年便收到了一封老舍的亲笔信，信中说："你若真想当作家，就不要离开现实火热的生活。谁想当作家都好，但要拿出货色来。"这封信让赵大年深受启发。

年轻人都爱好写诗，赵大年也曾把自己的诗递给二爹看。老舍看了后，批评他"诗写得太实，没有意境"，然后嘱咐他："带着小板凳，上天桥，跟着老百姓学说话去。"

□文苑拾萃

诺贝尔奖

阿尔弗雷德·伯纳德·诺贝尔是瑞典著名的发明家与化学家。1895年11月27日，诺贝尔写下遗嘱，捐献出自己的全部财产3100万瑞典克朗，设立基金，每年将利息作为奖金，授予"一年来对人类作出最大贡献的人"。奖项包括：物理学、化学、生理或医学、文学、和平五项。

1968年，瑞典中央银行在建行300周年之际，提供资金增设了诺贝尔经济学奖（全称为瑞典中央银行纪念阿尔弗雷德·伯纳德·诺贝尔经济科学奖金，也被称为纪念诺贝尔经济学奖），并于1969年开始与其他五项奖同时颁发。诺贝尔经济学奖的评选原则是授予在经济科学研究领域作出重大贡献的人，并优先奖励那些曾在早期作出重大贡献的人。

1990年，诺贝尔的一位重侄孙克劳斯·诺贝尔又提出了增设诺贝尔地球奖，奖项将授予杰出的环境成就获得者。该奖于1991年6月5日世界环境日之际首次颁发。

斯霞一心教书育人

斯霞（1910—2004），当代初等教育专家。浙江诸暨人。1922年就读于杭州女子师范学校，先后在浙江绍兴、嘉兴、萧山、杭州及江苏南京等地小学任教，1932年起在中央大学实验学校小学部工作，后分别在绍兴第五中学附小、嘉兴县集贤小学、萧山湘湖师范、南京东区实验小学、中央大学实验小学、南京师院附属小学等学校任职。新中国成立后，斯霞加入中国共产党，曾被评为全国"三八"红旗手、小学特级教师，当选过全国人大代表、江苏省劳动模范、全国劳动模范。曾任南京市教育局副局长。

1910年，斯霞出生于浙江省诸暨市的一个贫寒家庭中。1932年，她进入南京师大附小工作后，从此就再也没有离开过小学教育这块土地。

在多年的执教生涯中，斯霞不仅桃李满天下，而且为教育事业贡献出了自己的全部精力。其中，最突出的就是她的"童心母爱"论，用斯霞的话解释就是：作为一名教师，不仅要掌握知识，更要有童心、有母爱，要与孩子打成一片，把学生当作自己的孩子一样来看待。这一理论

在她退休后的很多年里，仍然一直坚持不懈地实践着，学生也成了她生命中最不可缺少的一部分。

2003年6月底，斯霞老师因肾衰竭入院治疗。从那时起，一直到她去世，斯霞老师一直在病床上与病魔进行着最后的斗争。在这期间，大部分时间斯霞都处于一种神志不清的状态中，但令人感到惊奇的是，每当有学生来探望她时，斯霞都能睁开双眼，准确地叫出学生的姓名，让在场的每一个人都十分感动。

斯霞老师为什么能记起每位学生的名字呢？据知情人说，斯霞在任教期间，对她的每一位学生都十分了解，都会逐一进行家访。这些细致入微的工作，给学生和家长都留下了深刻的印象。

在每次教一年级的时候，孩子们还没来班里报到之前，斯霞都会拿着学生的名单一家一家地去家访，了解即将入学的孩子的个性特点，有什么喜好等。所以，当斯老师在开学见到孩子们时，对他们其实已经非常熟悉了。

在退休以后的很多年中，斯霞老师每天都坚持到学校看一看。每年的"六一"儿童节，她都要走遍学校的30多间教室，看看每个孩子。后来，随着年龄的增大，斯霞老师的行动越来越不方便，但她还是坚持每天"踱"到学校。再后来，她便让女儿扶着，到学校看望孩子们。

斯霞老师毕生从事小学教育，为教书育人倾尽心血，可谓贡献卓著。不仅如此，她还全身心地投入到教育教学的研究工作中，精心培育青年教师，尽自己的最大能力去满足学生多方面的需要，帮助他们打开知识的闸门，点燃智慧的火花。在退休后，她仍一如既往地每天到学校做一些力所能及的工作，学校、学生已成为她生命中不可缺少的重要部分。

教师是一份崇高的职业，更是一份播撒爱与希望的职业。斯霞是一位平凡的人民教师，可她却创造了不平凡的奇迹。她将毕生心血都投入到教书育人的事业中去，将全部精力都贡献到点亮学子智慧的火花中去，这种敬业精神实在让人敬佩。

■史海撷英

母爱教育

斯霞老师在学校里对孩子们十分关心，而孩子们对她也是敬爱有加。

1962年深秋的一天，突然刮起了西北风，气温急剧下降，一些家长为学校的孩子们送来了衣服。可是，还是有很多双职工家庭的孩子穿得很单薄。于是下课后，斯霞便回到自己家中，翻箱倒柜，把所有能穿的衣服都找了出来，然后抱到学校里，分给孩子们穿。

虽然大大小小的各种衣服孩子们穿得不是很合身，但斯霞老师的行为却温暖了一颗颗幼小的心灵。第二天，一个姓吴的女学生拿着前一天穿的红毛衣还给老师时，说了声"谢谢老师"就跑开了。斯霞打开毛衣一看，里边包着一个鲜红的大苹果。

■文苑拾萃

赠五老韩尊师

（唐）赵嘏

有客斋心事玉晨，对山须鬓绿无尘。
住山道士年如鹤，应识当时五老人。

高玉宝自学成才著书

高玉宝（1927—2019），中共党员，辽宁省民间文学协会理事，沈阳军区创作室名誉主任。

高玉宝是一位从文盲战士成长起来的作家，他几十年如一日地坚持用写书、作报告等方式，对广大干部群众特别是青少年进行爱国主义教育。

1927年4月，高玉宝出生在辽宁省瓦房店市孙家屯的一个贫苦家庭。直到8岁，高玉宝才有机会走进学堂，可是仅仅一个月后，他就被迫辍学了，被家人顶债去给地主放猪。

本来高玉宝是打算边放猪边学习的，可上工的第一天，地主就把他的课本撕了个粉碎，还把他臭骂了一顿。

9岁那年，高玉宝流浪到大连市内，当起了童工。为了能填饱肚子，他几乎什么脏活累活都干过。

高玉宝从小就喜欢听人讲故事，还喜欢看皮影戏，到大连之后，他经常到市场里听人说书。因为太穷交不起门票钱，而很多有钱的人却还要故意逃票，为了赢得说书人的好感，高玉宝便自告奋勇，替说书人在门口收票钱。为此，高玉宝也赢得了免费进场听评书的机会。

在大连生活的6年中，只要一有时间，高玉宝就跑去听书。说书人经常讲的《隋唐演义》《薛仁贵征东》《杨家将》《岳飞传》《水浒传》等评书，他都听得滚瓜烂熟，而且还能讲得活灵活现。

1947年，高玉宝参加了中国人民解放军，先后做过警卫员、通讯员、军邮员、收发员等，并在辽沈、平津、衡宝战役中立过六次大功。

在做通讯员期间，高玉宝接到过一次同时给三个营送信的任务，可是第二天天刚亮，首长就把高玉宝叫过去训斥了一顿。原来，由于高玉宝不识字，错把应送给一营的信送到了二营，而把该给二营的信又送到了三营。当时，首长对高玉宝说起毛主席的一句名言：没有文化的军队是愚蠢的军队，而愚蠢的军队是不能战胜敌人的。这是高玉宝第一次听到这句话，也从此让他认识到了知识的重要性。

1948年，高玉宝从写下自己的入党申请书开始，便立志要努力学习文化知识，要用文字来记录自己的坎坷经历，并要用自己创作的书籍为子孙后代留下宝贵的精神财富。

高玉宝的创作之路是十分艰辛的。在战火纷飞的年代，学知识可不像现在这样容易。但高玉宝下定决心，哪怕一天只能学会一个字，也要实现自己的愿望。

1949年3月，高玉宝所在的部队开始南下。由于学写字缺少纸和笔，高玉宝就把牙粉牙刷全扔了，专门腾出一个书包来装碎瓦片，然后请识字的人用钉子帮他把字刻到瓦片上，休息时就拿出来看。行军打仗本来就要背几十斤重的装备，再加上瓦片，高玉宝要比别人多背十几斤的重物。

坚持了半年之后，高玉宝终于学会了百八十个字。后来，高玉宝

成了军邮员，这样便有机会接触到更多的文字，也更加坚定了他学习的信心。他把部队印小报剩下的废纸全都收集起来，订成一个个小本子，部队军官用剩的小铅笔头也成了他的宝贝。部队领导知道后，也很照顾高玉宝，有时用了一半就给他，有人甚至把刚削好的铅笔整支都送给他。

1949年9月，部队在长沙郊区的肖家巷休整时，高玉宝开始写书。可是刚一下笔，他就发现，自己学的那百八十个字根本就不够用。这件事让他感到很难过，甚至一度想放弃自己的梦想。

然而，"困难只能使弱者倒下，却能使强者奋起"，高玉宝看到这句话后，又重拾自信，继续写起书来。他拿出写入党申请书的劲头，通过写书来学习文化。身边没有识字的战友时，他就用图画代替自己的思想；等遇到了识字的战友，他再把自己写的白字、错字改过来。

又过了一年半，高玉宝连写带画，终于完成了20多万字的初稿。小说写完后，部队里的文书又用了几个月时间，把高玉宝所写的图文并茂的"字画书"翻译成了大家都能看懂读懂的文稿。

在这以后不久，恰好刚刚创刊的《解放军文艺》号召部队领导写小说。团首长看到这个号召后，第一个就想到了高玉宝，并让他把稿子寄到北京去。不到一个月的时间，北京那边便决定把高玉宝从广东调到总政文化部工作了。

1951年12月16日，《人民日报》发表了题为《英雄的文艺战士——高玉宝》的报道，高玉宝的名字很快便蜚声国内外，受到了人们的瞩目。

1952年，高玉宝的小说在《解放军文艺》连载了13章，立即引起了极大的轰动，全国发出了向高玉宝同志学习的号召。

1955年，中国青年出版社将"高玉宝的故事"结集出版，取名为

《高玉宝》。书名、作者、主人公都同名，这在世界文学史上堪称绝无仅有。国内先后用7种民族文字出版了《高玉宝》一书，仅汉文版就发行了500多万册。而国外也有十多个国家和地区，分别用15种语言翻译出版了这本书。

高玉宝先后写出总计200多万字的多部长篇小说，发表了100多篇短篇小说、散文、诗歌、民间故事、报告文学等作品。短篇小说《我要读书》和《半夜鸡叫》，曾被选入全国小学课本中。高玉宝的作品也深受广大读者，特别是青少年读者的喜爱。

高玉宝不仅把自己在新旧社会的不同命运写成书给读者阅读，自己还亲自到学校、工厂、机关等地讲给大家听，讲旧社会、旧中国普通百姓的苦难生活，讲新社会、新中国的巨大变化，讲今天的幸福生活来之不易。几十年来，他先后作过5000多场报告，听众达500多万人次。从20多岁开始作的第一场报告，到如今的90岁，高玉宝的足迹踏遍了大半个中国。听他报告的人中既有工人、农民、教师、学生，也有劳教人员、失足青少年等，大家对他的报告都表示由衷的敬佩。

高玉宝在作报告时还有"三不"原则：不收酬金，不收礼品，不吃请。他作报告一般只收三样"礼物"：一条红领巾，一束鲜花，一张聘书。他把鲜花转送给勤奋育人的优秀教师，红领巾签名后转送给品学兼优的学生，只有聘书他留下，作为青少年教育的联系物。

在几十年的爱国主义教育实践中，高玉宝为人们树立了"学得来"的榜样。他还经常帮助老百姓扫院子、挑水、种地、修理门窗，并先后几次冒着生命危险参加救火，顶着大雪步行20里路把患重病的小女孩背到医院抢救。因此，高玉宝也被人们誉为"新时期当之无愧的活雷锋"。

高玉宝也在用自己的行动践行着"活到老，学到老"的道理。成名后的高玉宝，依然主动申请继续学习。1954年，他被保送到中国人民大学速成中学学习了4年，后来，他又在人民大学新闻系学习4年。1962年毕业后，为了续写《高玉宝》，组织上安排他回大连工作。20世纪70年代后期，高玉宝又重新拿起笔，用4年多时间完成了《高玉宝续》，并于1991年正式出版。

如今，高玉宝也没有在家安享晚年，而是依然到全国各地作报告。全国有400多个单位聘请他为名誉校长、关工委名誉主任、顾问、校外政治辅导员等，70多所小学成立了"高玉宝中队""高玉宝班"等。

从"高玉宝大哥哥"到"高玉宝叔叔"，再到"高玉宝爷爷"，无论人们对他的称呼怎样变化，高玉宝始终都抱有一颗学习的心。

■ 故事感悟

战士作家高玉宝敬业更精业，终生都在实践着由一个战士成为一位学者的誓言。知识就是力量，知识改变命运，可以说每一部耳熟能详的作品都倾注了高玉宝的心血。他热爱自己的职业，更不断完善自己的职业，力求做到最好，这种精神感人至深。

■ 史海撷英

高玉宝半路拦军马

高玉宝刚刚学习写作期间，在一个金秋的下午，他遇到了几个既不会写又很难画的字，一时间急得不知如何是好。

正当高玉宝求字无门找不到先生时，纵队司令员吴克华将军骑着一匹枣红军马下部队来视察工作，正从远处走来。高玉宝不知道眼前这位是司令员，拿起本子就急忙跑了上去，敬完军礼后拦住马头说："首长，请您先别走，我问您几个字再走。"

警卫员牵着军马毫无准备，当时一惊：这是谁呀，竟敢拦住司令员的马，这还了得？于是急忙上去阻拦："这是司令员，工作很忙，你这个同志怎么这样！"

警卫员的话还没说完，吴克华将军已经下了马。高玉宝顿时紧张起来，觉得自己太冒失了，拦住司令员的马肯定是要挨批评的。

出乎高玉宝意料的是，司令员不但没有批评他，反而态度和蔼地问："小同志，你问什么字呀？"

高玉宝窘迫地低下了头，没敢说话。

吴克华将军摸了摸高玉宝的头，又说："哎，爱学习很好嘛！"

接着，他教了高玉宝几个不会写的字，随后鼓励高玉宝好好学习，写出好的作品。

很快，高玉宝半路拦军马，将军教战士识字的故事便在部队传开了。后来，小说《高玉宝》出版发行时，吴克华将军还特地向高玉宝表示了祝贺。

■文苑拾萃

评 书

评书又称说书，古代称为说话。评书是中国的一种古老的汉族传统口头讲说的表演艺术形式，流行于宋代时期。

有资料表明，评书虽然是一种口头讲说的表演形式，但艺人来源却多为唱曲的转行。相传形成于北京的评书艺术，其第一代艺人王鸿兴，原来就是表演一种叫做弦子书的说唱艺人。到了20世纪初叶，又有许多北方乡村表演西河大鼓和东北大鼓的说唱艺人进入城市，纷纷改说评书。

　　评书的历史十分悠久，早在春秋时期就已经有人说书了。到了战国时期，诸子百家游说诸侯，便经常旁征博引，用故事作比喻，后来还逐渐形成了许多脍炙人口的成语。

　　清末民初时，评书的表演为一人坐在桌后表演，道具有折扇和醒木，服装为长衫。至 20 世纪中叶，一般不再用桌椅及折扇、醒木等道具，而是以站立的姿势说演，服装也不固定了。

徐虎平凡岗位做出不平凡

徐虎（1950—），全国劳动模范，中国共产党党员。他在水电修理工的平凡岗位上，长期积极主动地为居民排忧解难，用"辛苦我一人，方便千万家"的精神谱写了一曲新时代的雷锋之歌，被誉为20世纪90年代的"活雷锋"。

徐虎是上海市普陀区的一名普通的水电修理工。多年来，他总是积极主动地为居民排忧解难，始终坚持着"辛苦我一人，方便千万家"的信条。

1975年，徐虎从郊区农村来到上海城里，当上了普陀区中山北路房管所的水电修理工，担负着管区内6000多户居民的水电维修、房屋养护工作。徐虎的家境并不宽裕，读书时，他是依靠学校发的助学金完成学业的，因此，父母经常教育他，不能忘记党和政府的关怀。徐虎对此铭记在心，所以工作起来总是全心全意，勤勤恳恳。

水电维修工作又脏又累，经常与粪便、草纸、污水打交道，而且工作难度大，又没有固定时间，可是每当看到居民焦急的样子，徐虎便立即奔赴现场。只要一有空，徐虎就认真学习房修水电技术；碰到居民报修，便及时解决；每次修理完毕，还主动做好清洁工作；对居民的酬谢，

他总是笑着谢绝；遇到挑剔的居民，还要耐心说服。一来二去，管区内欢笑声、赞扬声不绝于耳，徐虎也体验到了人生和工作的价值。

在多年的工作中，徐虎发现，居民下班以后的时间就是用水用电的高峰时段，更是故障高发的时间。但是，此时水电修理工都已下班休息，这便使得各种问题难以及时解决。

为了给居民们带来更大的便利，徐虎便在他的管辖区内挂上了三只"夜间水电急修特约服务箱"，上面写着："凡属本地段的公房住户如有夜间水电急修，请写纸条投入箱内。本人热忱为您服务，每天开箱时间晚上7点。中山房管所徐虎。"

从那以后，晚上7点便成了徐虎生活中非常重要的一个时间点。十几年来，无论刮风下雨、冰冻严寒还是烈日炎炎或节假日，徐虎总是准时背上工具包，骑着破旧的自行车直奔报修箱，然后按着报修单上的地址，再挨家挨户地上门提供服务。

有一年的除夕，徐虎照旧在晚上7点钟去开箱服务，发现三只报修箱里没有一张纸条，便放心地回家吃年夜饭了。女儿见父亲前所未有地早回家，高兴得不得了，还约父亲12点钟一起放鞭炮。

没想到的是，夜里10点多有人来敲门，说家中突然断水了。徐虎马上拎起工具包赶往居民家中。他爬上断水居民家的屋顶，顶着刺骨的寒风艰苦作业。等到辞旧的爆竹响彻全城，家人还没等到徐虎回来，女儿含着眼泪，提着"八百响"痴痴地等待父亲的归来。直到凌晨1点，徐虎才拖着疲惫的身体回到家中，看到女儿带着朦胧的睡眼期盼着自己，心疼地抱起她，一起点燃了迟到的爆竹。

在徐虎不懈的努力下，小小报修箱成了居民的及时雨。10多年中，徐虎累计开箱服务3700多次，共花费7400多个小时，急修项目2100多个。

徐虎如同一颗璀璨的明星，在燃烧自己的同时，也用自己发出的光为别人导航。

■史海撷英

徐虎工作一事

在徐虎家附近住着这样一个特殊的家庭：户主杨海民患有神经官能萎缩症，行动失衡；妻子唐嘉英幼时患过小儿麻痹症，双腿失去了正常的功能。后来，夫妻二人还生了一对双胞胎，结果是一个瘫痪，一个双目失明。

有一年夏季，他们买了吊扇，正准备找人帮忙安装，这时，徐虎便利用业余时间与同事--起来到杨家，除了装电扇，还包下了所有的房修水电活。

每到寒冬腊月，徐虎还亲自上门到杨家服务、慰问，并特意送去一床新的羽绒被。杨海民感动得热泪盈眶。

■文苑拾萃

普陀山简介

普陀山是东海舟山群岛中的一个小岛，南北狭长，面积约为12.5平方公里。与山西五台山、四川峨眉山、安徽九华山并称为中国佛教四大名山，是观世音菩萨教化众生的道场。

普陀山与舟山群岛的沈家门隔海相望，素来就有"海天佛国""南海圣境"的美誉，也是我国首批国家重点风景名胜区。

2007年5月8日，舟山市普陀山风景名胜区经国家旅游局正式批准为国家5A级旅游风景区。"海上有仙山，山在虚无缥缈间"，普陀山以其神奇、神圣、神秘，成为驰誉中外的旅游胜地。

第二篇

为国守职

康里脱脱精心侍主

康里脱脱（1272—1327），字大用。元顺帝朝大臣，为辽、金、宋三史都总裁官，两任中书右丞相，曾率兵镇压农民起义军"红巾军"及张士诚起义军。后遭朝臣弹劾，被流放云南，服毒身亡。

元成宗铁穆耳病重后，康里脱脱刚好来到京城。当他得知元成宗的病情后，立刻派人将元成宗病危的消息转告给后来的元武宗海山。

海山接到消息以后，马上就从青海起程。在抵达北方的和林城时，各位王公大臣和皇室贵族都众口一词地劝说他登上皇位，治理国家，但海山没有接受他们的劝告，而是对他们说："我的母亲和弟弟都还在燕国的都城，要等到全部皇室贵族和王公大臣召开会议，全部通过以后才能正式决定。"因此，海山就驻扎下来，静静地等候燕国都城传来的消息。

大德十一年（1307）初，元成宗病卒。因其独子先于成宗早卒，嗣位空缺，元成宗皇后卜鲁罕与左丞相阿忽台便互相勾结，图谋拥立安西王阿难答为帝（成宗堂弟），并定于三月三日起事。

等到皇太后等人到达京城后，卜鲁罕与左丞相阿忽台的叛乱已经平定了。随后，皇太后就将自己两位皇太子海山与爱育黎拔力八达的星宿

命相交给阴阳家，让阴阳家仔细推算一下，并问阴阳家该拥立谁为皇帝，希望能够得出一个满意的答案。

阴阳家沉稳地说："重光（指海山）虽是老大，但却处在偏远的角落，有灾难；荪蒙（指爱育黎拔力八达）的命相虽然不好，但可以长久。"

皇太后听了阴阳家的话后有些疑惑，于是派近臣朵耳传旨给海山，对他说："你们兄弟都是我生的，不会有亲疏之分。但那个阴阳家说的天运帝位的长短，由不得不考虑！"

海山听后，什么也没有说。

经过一番考虑后，海山对康里脱脱说："我辛勤劳苦十年，按年龄我居于长位，帝位归我，难道有什么疑问吗？皇太后现在以星宿命相为理由让我避位，可是天道运行迷茫不清，我想谁也未必看得清楚。"

海山接着说："如果我登上帝位，所施行的政策符合上天的安排，又能使百姓安居乐业，怎么可以把阴阳家的话当真呢？难道这样不是在违背祖宗的意愿吗？或许这正是现在掌权的大臣专权横暴，乱杀无辜，害怕我当了皇帝后治他的罪，所以才散布这些谣言，他们以此来动摇帝位统治。脱脱，你为我前去观察事情的变化，一有情况马上回来报告我。"

康里脱脱听了这话后便立即出发了。

康里脱脱赶到大都后，进宫拜见皇太后，并且详细地向皇太后说明了海山的旨意。皇太后听后，惊奇地说："太子在位长短的说法尽管是阴阳家的说法，但这一切也都是为太子深思远虑，出于我的爱子之心。现在图谋不轨的奸臣已经除掉了，决定已经作出，太子为什么不赶快前来？"

当时，诸王秃列等人都侍立在旁，说："我们辅佐拥戴太子为皇帝，绝对没有二心呀！"

随后，太后和爱育黎拔力八达摒退身边的大臣，单独留下康里脱脱，并告诉他："太子孝顺，天下人对他寄予厚望。现在听到你转述的话，大概有人想离间我们母子关系，希望你能赶快回去为我们弥补这个缺憾，使我们母子不致产生很深的隔阂。我希望我们能和睦相处，这样一来，你的功劳可是很大的！"

康里脱脱叩头拜谢说："皇太后、皇太弟不必太过烦虑，我在王府侍奉太子已经有很多年了，太子对我十分信任。这次回去，我一定向皇太子解释清楚这件事情，使二位不至于产生隔阂，以后三宫和睦相处，不会产生隔阂，这是我康里脱脱所应该做的事情呀！"

起初，皇太后见海山犹豫迟疑，没有到京师来的意思，便决定拥立他为皇帝。等到康里脱脱接着前往，行到旺古察时，海山在马轿中望见康里脱脱回来，急忙派使者前往迎接，与他共乘一车。康里脱脱详细地转达了皇太后及爱育黎拔力八达的话，海山心中的疑虑便全部消除了。于是，海山派阿沙不花回报两宫，爱育黎拔力八达命令到上都奉迎海山。

海山登上帝位以后，是为元武宗，尊奉太后为皇太后，册立爱育黎拔力八达为皇太子，三宫相处和睦，康里脱脱出力最多。

■故事感悟

康里脱脱知无不言，言无不实，是为贤相。此外，他临危受命、忠心辅佐的敬业精神也是后人的榜样。

■史海撷英

红巾军

红巾军又称为红军，是元朝末年起来反抗元朝统治者的主要起事力量。该起义最初是与明教、弥勒教、白莲教等民间宗教结合起来所发动

的。由于打红旗，头扎红巾，故而被称为"红巾"或"红军"。又因焚香聚众，被称为香军。

红巾军所到之处，开仓散米，赈济贫农，深得人民拥护，群众都纷纷加入红巾军，红巾军的队伍也迅速扩大到几十万人。在红巾军的影响下，全国各地农民纷起响应。人数较多的有蕲水（今湖北浠水县）的徐寿辉部、萧县（今安徽萧县西北）的芝麻李部、南阳的布王三部、荆樊的孟海马部、濠州（今安徽凤阳县东）的郭子兴部等。

红巾军坚持与腐朽没落的元王朝斗争了12年之久，从根本上动摇了元朝的政权，为后来明朝的建立打下了基础。

□ 文苑拾萃

元 曲

元曲原本来自所谓的"蕃曲""胡乐"，首先是在民间流传的，被称为"街市小令"或"村坊小调"。

随着元灭宋而入主中原，元曲便先后在以大都（今北京）和临安（今杭州）为中心的南北广袤地区流传开来。

元代也是元曲发展的鼎盛时期。通常来说，杂剧和散曲都合称为元曲，是元代文学的主体。不过，元杂剧的成就和影响却远远超过了散曲，因此，也有人以"元曲"单指杂剧，元曲也即"元代戏曲"。

元曲是中华民族灿烂文化宝库中的一朵奇葩，在思想内容和艺术成就上都体现了独有的特色，与唐诗、宋词鼎足并举，成为我国文学史上三座重要的里程碑。

郭太教学有方

郭太（128—169），东汉名士。也称郭泰，字林宗，人称有道先生。东汉太原介休人。

郭太幼年丧父，母亲将他抚养成人。青年时期，他辞别慈母，远赴他乡拜师求学。

郭太先是拜成皋屈伯彦为师，后又拜在河南太守李固门下，与李固结成忘年交。他的名声也随之在洛阳传开，许多学者甚至名门望族都主动与他交往。但他牵挂母亲和家乡父老，决心回家以教书为业。

郭太不但学识渊博，而且教学有方，对学生全面负责，敬业精神极强。对于不爱学习的学生，他循循善诱，晓之以理，动之以情，深受乡里人敬重。

有一个叫左原的学生，因为淘气而触犯法律，被学校除名，声名狼藉，自己从此也不敢见人。有一天，郭太在街上遇见他，他刚要钻胡同逃走，被郭太叫住，拉到了酒馆。郭太见左原一直默不作声地低着头，便教导他说："怎么，还想着过去的事儿啊？一个人最难能可贵的是能认真地改正错误。战国时的颜涿聚，原来是个强盗，人人痛恨，可后来

却做了齐国人人敬重的将军。就连孔夫子的得意门生颜回也不例外，何况咱们普通人呢！有了过错，不要怨天尤人，要深刻反省自己，痛改前非，做一个人人敬重和爱戴的人，这才是你的出路呀！"

一番话说得左原热泪盈眶，茅塞顿开，他向恩师深深鞠了一躬。

还有一个叫贾淑的青年，鱼肉乡里，是人见人怕的混世魔王，可他却很敬重郭太。在郭太母亲去世时，他也来郭家吊孝。

当时，正赶上巨鹿学者孙威直也来吊丧。当孙威直看到贾淑也在场后，还没进门转身就想走。郭太见状，忙追出门外解释道："先生休怪，不是我有意接近名声不好的人，他主动前来吊孝，靠近我，说明他有意改过，因此我接待了他。先生看我这样做是否合适？"

孙威直听后，无语默许。

事后，这番话传到了贾淑的耳朵里，他非常感动，决定重新做人。

郭太以身作则，以仁待人，以德服人，培养了许多栋梁之才，成为师之表率。

■故事感悟

郭太不但学识渊博，而且教学有方，兢兢业业，对待工作更是尽心尽责。对待那些不好教育的人，他没有鄙视，而是主动接触他们，说服他们，使他们浪子回头，其敬业精神值得后人学习。

■史海撷英

党锢之祸

东汉桓帝、灵帝在位期间，宦官专权，把持朝政，世家大族李膺等人联结太学生抨击朝政。166年，宦官将李膺等人逮捕。后来虽然将其释放，但却终身不许他们做官。

到了灵帝时期，外戚解除了党禁，并想要诛灭宦官，结果事情泄露未果。169年，宦官将李膺等百余人全部下狱，并陆续囚禁、流放、处死了数百人。后来，灵帝在宦官的挟持下，下令凡"党人"的门生故吏、父子兄弟等，都免官禁锢。这一事件，在历史上被称为"党锢之祸"。

■文苑拾萃

汉代的服饰风格

汉代时期，人们的服饰比春秋战国时期已经有所发展。尤其是随着舆服制度的建立，服饰的官阶等级区别也更加严格。秦汉时期，服装的面料仍然较看重锦绣。

"丝绸之路"开辟之后，中华服饰文化逐渐传往世界。从秦代到汉代，深衣也有了一些发展和变化。从东汉社会的上层阶级来看，通裁的袍服转入制度化。不论单、棉，大多都为上衣和下裳分裁合缝连为一体，上下依旧不通缝、不通幅。外衣里面都有中衣及内衣，其领袖缘一并显露在外，成为定型化套装。下着紧口大裤，保持"褒衣大裙"风格。足下则为歧头履，腰间束带。史书中曾列有皇帝与群臣的礼服、朝服、常服等20多种。

张骞不辞辛苦开丝路

张骞（约公元前164－前114），字子文。西汉汉中郡成固（今陕西省城固县）人。中国汉代（西汉）旅行家、外交家、卓越的探险家，对丝路的开拓有重大的贡献。张骞开拓了汉朝通往西域的南北道路，并从西域诸国引进了汗血马、葡萄、苜蓿、石榴、胡桃、胡麻等。

张骞是我国古代著名的外交家，他一生不畏艰险，两度出使西域，开辟了丝绸之路。

秦汉时期，匈奴首领冒顿单于动用30万精锐骑兵，东边打败了东胡，北边征服了丁零，西边驱逐了大月氏。如此一来，匈奴的地盘越来越大，东起朝鲜边界，横跨蒙古高原，与氐、羌相接，南边则延伸到河套以至今山西和陕西的北部。

西汉初年，汉朝与匈奴之间基本上维持着一种"和亲"关系。尽管汉朝皇帝将公主嫁给匈奴单于，馈赠匈奴厚礼，通关市，一再忍让，可还是不能避免匈奴铁骑的侵扰与践踏。

到了汉武帝时期，国力增强，汉朝便决心改变这种被动局面。

汉武帝听说，后定居在西域的大月氏有报复匈奴的想法。根据这个线索，他选择合适的人出使大月氏，准备采取联合大月氏夹攻匈奴的方略。

也就是在这个时候，张骞应募出使西域。

当时的西域，是从玉门关和阳关以西起（今新疆）到更远的地区，在天山以南、塔里木盆地南北边缘的绿洲上，分布着一些小国。除此之外，其他地方几乎是人烟稀少的荒漠。匈奴征服了其中一些国家，设置了机构，派官员管理被占领的西域各国，根本目的是掠取这些地方的财富。

有道是"西出阳关无故人"，不仅是指通往西域的道路上举目无亲，更重要的是要面对恶劣的自然条件和匈奴的威胁。可是，张骞领了皇命之后，全然不顾前面的艰难险阻，唯一的念头就是：不辱使命，完成出使西域的任务，彻底改变国家被匈奴侵略的现状，以实现国家的安宁。

建元二年，张骞率领100多人出陇西向西域进发。

在西行途中，张骞先被匈奴骑兵俘获，被拘匈奴10年，但他秉持汉节不失。后来总算逃脱，与堂邑氏奴甘父又继续西行，至大宛，经康居抵达大月氏。

但是，此时的大月氏已定居在妫水，又统领大夏，安居乐业，不愿东返故土，也无意报复匈奴。张骞在大夏留居一年多，后来返国。

在回国途中，张骞为避免再次被匈奴骑兵抓到，改变了行进的路线，从南道傍南山而行。但最终还是被匈奴捕获，又被扣留了一年多。

元朔三年，匈奴内乱，张骞乘机逃回汉朝。

风尘仆仆远道归来的张骞，向汉武帝详细报告了西域的情况。汉武

帝委任他为太中大夫。

元朔六年，张骞随大将军卫青出征匈奴，击破匈奴，取得河西地带。从此，盐泽以东空无匈奴，汉与西域之间的道路终于打通了。

元狩四年，张骞再度出使西域，终于取得了实质性进展。他这次的任务是招引乌孙（在今伊犁河流域），加强与西域各国的联系。张骞率将士300人，每人备马两匹，牛羊以万数，金币丝帛巨万。但张骞到乌孙后，并未达到预定目的，于元鼎二年同乌孙使者数十人返抵长安。随后，被张骞派到大宛、康居、大夏等国的副使陆续回到长安。此后，汉朝与西域各国的交往日益频繁，乌孙后来终于与汉通婚，共同击破匈奴。

从此以后，汉王朝派到西域去的使臣每年多达十几批，少则五六批，每批少则百余人，多则几百人。有的使者以所携官物为私产，到西域牟利，因此使者队伍实质上就是商队。

张骞前后两次出使西域，费时十五六年，行程数万里，足迹远至今中亚地区，成为汉朝沟通西域"丝绸之路"的奠基人。因张骞在西域享有很高的威望，后来汉朝所遣使者多打着张骞的旗号，以取信诸国。

张骞出使西域的报告备载于《史记》《汉书》中，成为今天研究中亚史的原始资料，具有重要的学术价值。

■故事感悟

张骞两次出使西域，开辟了丝绸之路，奠定了中原与西域各少数民族的友好关系，也增进了民族团结和民族之间的物质文化交流。同时，张骞将自己毕生的精力献给了这项伟大的事业，也成就了自己的万古英名。

丝绸之路

丝绸之路简称为丝路，通常指的是欧亚北部的商路，与南方的茶马古道形成对比。西汉时期的张骞与东汉时期的班超曾出使西域，开辟了以河南南阳方城县为起点，经甘肃、新疆到中亚、西亚，并联结地中海各国的陆上通道。这条道路后来也被称为"陆路丝绸之路"。由于经过这条路西运的货物中以丝绸制品的影响最大，因此得名。

到目前为止，丝绸之路已经有2000多年的历史了。如今的丝绸之路沿线保存着大量的历史文物、古迹、壮丽的自然风光和多姿多彩的各民族风土人情，吸引着成千上万来自世界各地的旅游者参观游览。

中国段的丝绸之路沿线也有众多的历史文化古迹，如被称为世界第八奇迹的秦始皇兵马俑、保存释迦牟尼佛骨的法门寺、敦煌莫高窟、麦积山石窟、长城嘉峪关和汉代烽燧遗址、著名的藏传佛教寺院塔尔寺、丝路重镇高昌故城遗址等。

塞下曲六首（其一）

（唐）李白

五月天山雪，无花只有寒。
笛中闻折柳，春色未曾看。
晓战随金鼓，宵眠抱玉鞍。
愿将腰下剑，直为斩楼蓝。

余玠为国招贤纳士

余玠(1199—1253),字义夫。蕲州(湖北蕲春县南)人。宋末抗蒙名臣,初为淮东制置使赵葵幕僚,嘉熙年间任知招信军,于汴城、河阴战败蒙古军。淳祐元年(1241),余玠赴援安丰,败蒙古军,任四川宣谕使,后又兼四川总领兼夔路转运使。从淳祐三年到四年,余玠与蒙古军进行大小36次战役,战果显著。后又率军北攻兴元(今陕西汉中),还击退进扰成都、嘉定(今四川乐山)的蒙古军。宝祐元年(1253),宋廷听信谗言,召余玠回朝。余玠闻召不安,七月,突然死去。

淳祐三年(1243),余玠被派往四川任安抚制置使,负责掌管防御,治理四川。

巴蜀之地本属富饶的鱼米之乡,但由于"蜀道难,难于上青天",交通不便利,使得这里有些"天高皇帝远"。下面的地方官和地方部队各行其是,割据分赃。他们擅自任命郡守县令,纲纪废弛,老百姓的日子过得苦不堪言。川蜀历来又是兵家必争之地,关系到国家的安危。

余玠一到四川,先大刀阔斧地改革弊政,削革不称职的地方官,选拔有识、有才、有德之士当郡守县令，并在他官邸旁边建造一座与他住所的规格、陈设完全一样的招贤馆，大门上还贴着告示："集思广益，是诸葛亮治蜀的好办法。希望大家献计献策，同心同德，共同将四川建设好。当地的可直接来公府找我，外地的可到所在地的郡县去谈。提出的好建议，我们一定采纳，并将重金奖励。豪杰之士，应当建功立业，现在正是千载难逢的好时机！"

一些人读了告示后，就来找余玠，余玠亲自将他们一一安排在招贤馆住下。所提建议有大有小、有好有差，余玠都虚心听取。好的立即采纳，不能采纳的也赠予厚礼表示感谢。

一时间，招贤馆里群贤会聚。

这一天，天才蒙蒙亮，余玠起床后在院子里舞剑，门卫进来向余玠禀报说："老爷，老爷，门外有两个人要马上就见你，我让他们等一会儿都不肯。"

"谁？"余玠问。

门卫递上名帖，余玠一看，立即将剑交给门卫，连衣服也来不及换，就快步迎了出去。

原来来的是播州（今贵州遵义）的冉璡、冉璞兄弟俩。这兄弟俩是文武双全的青年才俊，一直隐居在少数民族中。以前，地方部队曾多次征招他们去当将领，他们都不肯出来。余玠早就听说过他们的事，见他们主动找上门来，当然非常高兴。

冉璡、冉璞兄弟正在猜测着余玠否会出来见他们时，余玠已来到大门口。他双手作揖，热情地说："失迎，失迎，久闻两位大名，今日得以相见，真是万分荣幸！"

兄弟俩见余玠毫无官架子，心里踏实了很多。

余玠将冉璡、冉璞迎进招贤馆，请他们先住下，并吩咐手下的人：

"两位先生远道而来，你们要好好招待。"

这两位兄弟也真是怪人，每天只在招贤馆里吃吃喝喝，有时见他们用白土在地上画山川城池，见有人过来，就赶快擦去。几个月住下来，没提出一个治蜀的建议。

余玠见他俩不来找自己，就亲自上门请教。他备了一桌酒席，将兄弟俩和一些客人请来，举杯说："我因公务缠身，不能时常来看望大家，招待不周之处，还望多多包涵。今日特备一杯薄酒，以表歉意。"

大家见余玠身为四川总领，如此平易近人，都很感动，在酒桌上纷纷出谋划策。可冉璘、冉璞却始终闷着头喝酒吃菜，不说一句话。

余玠身边的人实在看不过去，议论说："想必他俩是无用之人，只是来混饭吃的吧！"

这些话被余玠听到了，赶忙加以制止："不许胡说！他们是在看我对待人才的礼数诚意呢！"

第二天，照旧是好饭好菜款待，丝毫不减热情。

如此又过了10天，兄弟俩突然提出要请见余大人，并要求旁人离开。

"我们兄弟二人这么多天来得到大人如此厚待，无功受禄，真是惭愧。前些日子，我们一直在琢磨着大人的西蜀防务之计，一时想不出更好的办法，因此没来找你。"哥哥冉璘说，"大人的问题是否在于迁移合州城（今合川县）？"

余玠一听这话，立即离开座位，拉住他们的手，急切地说："这正是我的心愿，可是没有合适的地方。"

"钓鱼山这地方，三面临江，悬崖峭壁，若将合州城迁移到那里，再派合适的人屯粮把守，胜于10万大军，四川就不难守住了。"

余玠听了这建议，喜出望外地说："我本来就猜测先生不是才疏学浅之士，你们的好主意，真是解了我心中之难。"当日，他就派快马密报朝廷，并请求朝廷破格委任兄弟俩官职，全权负责迁城之事。

冉氏兄弟被朝廷重用，他们非常感念余大人的知遇之恩，尽心尽力完成迁城之事。合州城的顺利搬迁，也为四川的防卫打下了坚实的基础。从此，巴蜀人又过上了安居乐业的日子。

■故事感悟

为了国家的强盛、富强，余玠礼贤下士。为了招到有真才实学的人才，他排除异议，终于赢得了冉氏兄弟的帮助，为其治理地方出谋划策，最终完成了迁城之举。

■史海撷英

余玠防蜀之战

宋淳祐元年（1241）十一月，因蒙古大汉窝阔台汗病死，内部纷争四起，根本无暇全面部署对南宋的大规模战争，南宋王朝才得以有机会暂时休整和调整防御部署。

宋理宗赵昀任命在淮东屡立战功的余玠为兵部侍郎、四川制置使兼知重庆府，负责四川的防务。余玠赴任后，积极革除弊政，采取了轻徭薄赋、整顿军纪、除暴奖贤、广纳贤良、聚小屯为大屯等政策，并采纳播州人冉氏兄弟的建议，采取依山制骑、以点控面的方略，先后筑起了青居、大获、钓鱼、云顶（今四川南充南、苍溪东南、合川东、金堂南）等十余座城池，并迁郡治于山城。

随后，余玠针对蒙古军骑术精良、善于野战的特点，采取守点不守线、联点而成线的方略，并利用山险制骑，改变了以往被动挨打的局面。在交战过程中，宋军屡败蒙古军，为以后的抗蒙作战奠定了良好的基础。

方永刚与真理同行

方永刚（1963—2008），出生于辽宁省建平县。1985年复旦大学历史系毕业，同年7月入伍，1992年12月入党。方永刚是历史学学士、法学硕士、军事学博士，先后在海军政治学院、海军大连舰艇学院任教，生前为海军大连舰艇学院政治系中国特色社会主义理论教研室教授、硕士研究生导师、辽宁省国防教育讲师团成员、沈阳军区联勤部客座教授、大连市讲师团成员等。专业技术七级，长期从事政治理论教学和研究工作。

1963年，方永刚出生在辽宁省一个贫穷的农民家庭中。改革开放之后，国家推出了一系列的政策，让方永刚有幸获得了上大学的机会。

之后，方永刚又参军入伍，并光荣入党，成为一名军队政治理论教员，为党的事业一奋斗就是二十年。

方永刚工作后，一直从事政治理论的教学和研究工作，为发展军队教育事业和宣传党的创新理论作出了许多优异成绩。他坚持深入学习，到工厂、农村、学校和社区，积极传播党的创新理论，被誉为"平民教授""大众学者"。

方永刚经常说，马克思主义是人类有史以来最科学、最深刻、最彻底的理论，也是最具有时代特色、民族气派、实践品格的中国化马克思主义。学习并践行马克思主义理论，对党的理论创新、深化党的执政规律有很大帮助。正因为有了这种深刻的认识，方永刚才几乎把业余时间全都用在刻苦学习党的创新理论上。他先后主编了16部党的创新理论研究专著，发表学术论文100多篇，其中，在国家和军队核心期刊上发表过40多篇，荣获"全军政治理论研究优秀成果"一等奖等28个奖项。

1997年，方永刚不幸遭遇了一场车祸，导致颈椎严重骨折。在做牵引治疗的时候，方永刚依然坚持看书学习。

1998年以来，作为辽宁省国防教育讲师团的成员、沈阳军区联勤部客座教授、大连市讲师团成员，方永刚先后为部队和地方的党政机关、社区、企事业、干休所、学校等单位作了1000多场辅导报告，从军队到地方、从城市到乡村，都曾留下过他传播创新理论的足迹。为了把老百姓关心的下岗失业、三农问题、老工业基地振兴的问题讲透彻，他甚至利用寒暑假和节假日深入到群众中，与大家聊天、拉家常，把生活当成是课堂，让老百姓给自己出题目。

2003年7月，方永刚从电视新闻中获悉，国务院提出要坚持协调发展、全面发展、可持续发展的发展观，他连夜调整了第二天的讲课稿，让这一新思想第一时间进入到课堂中。

正因为具有对党的事业的坚定信仰，方永刚才一直把学习、研究、传播党的创新理论作为自己最神圣的职责，当成是自己生命中最重要的一部分。每次党中央提出新的思想理论和观点，他都会及时学习研究，随后很快就有论文发表或专著出版。

　　方永刚为党、为人民的事业日夜操劳的无数个日日夜夜，也让他的身体状况一天不如一天。但由于工作忙碌，方永刚一直都没有到医院做过系统的检查。即使是在身体状况不好的情况下，他仍然主动请缨，承担海军基层政工班四期1500名学员的培训任务，为学员们讲述开班的第一课——《新世纪新阶段我军历史使命对海军基层建设提出的新要求》。

　　为了讲好这堂课，方永刚也是精心准备，研究了上百万字的资料，还亲自到基层部队进行调研，找老海军了解情况，向随舰出访的同志了解事例，多次修正讲稿，甚至还提前试讲了10次之多。

　　然而，就在准备正式讲课的时候，方永刚的身体却无法支撑下去了，最后到医院检查，被确诊为结肠癌晚期。最糟糕的结果摆在眼前，但方永刚一方面以乐观的精神和顽强的毅力与病魔作斗争，另一方面仍然在争分夺秒地抓紧时间工作。

　　2007年1月15日上午，在手术后的第二次和第三次化疗间隙，方永刚坚持从医院回到学院，为学员们上完了该学期的最后两节课。1月22日，他又带病给大连市地税局作了《正确理解和把握科学发展观》的辅导报告。1月23日，他又躺在病床上完成了对三名研究生的学期教学和毕业论文写作辅导任务。

　　在为党的事业奋斗的20多年中，方永刚每次遇有理论困惑都不动摇，碰到现实困难从不回避，面对错误思潮敢于斗争，在对真理的执著追求和坚决捍卫中，不断坚定对马克思主义的信仰。

　　方永刚始终认为，如果他的宣讲可以使广大官兵和人民群众对党的信任更坚定一点，对党的创新理论的理解更深入一步，对建设中国特色社会主义的信心更充足一些，那么，研究和传播党的创新理论就是他人生的最大价值和全部意义！

方永刚传播党的创新理论的火热激情正是源于他对党的创新理论的执著信仰，源于其热爱岗位、奉献岗位的决心。他一生与真理同行，用自身的敬业奉献精神为当代人作出了榜样。

海军大连舰艇学院

海军大连舰艇学院坐落在风景秀丽的大连市老虎滩畔，是培养海军舰艇技术指挥军官、海军政治指挥军官和海洋测绘工程技术军官的高等院校。

该学院是经毛泽东主席于1949年11月22日亲自批准成立的新中国第一所正规海军高等学府。1952年，学校更名为"第一海军学校"。1957年，更名为"海军指挥学校"。1986年，正式定名为"海军大连舰艇学院"。经过半个多世纪的建设发展，海军大连舰艇学院已形成了正规办学、从严治校、严谨治学的鲜明特色和"献身、严格、图强、求实"的"一海校"精神。

第三篇
爱岗敬业

王清任开拓中医新天地

　　王清任（1768—1831），清代医学家。字勋臣。直隶玉田（今属河北）人。年轻时即精心学医，并于北京开一药铺行医，医术精深，名噪一时。因其精心钻研中医医术，博览中医典籍，发现古书中对人体构造的记述与实际情况不符，遂提出修正批评，其革新精神甚得好评。

　　从少年时期开始，王清任就学习医学。由于学习刻苦，他很快就精通了医学理论，医术也很高明。王清任开过药铺，对许多药物的性味、功用等都很熟悉，根据自己丰富的实践经验，对疾病的病因、病理等都有独到的见解。他认为，许多病是由于血液流通不畅引起的。血液流通不畅，瘀积在某个器官或血管里，就影响了这个部位周围组织的生理功能，引起疾病。根据这种"血瘀致病"学说，王清任研究出了一些十分有效的方剂。

　　王清任认为，人体的脏腑结构对医疗非常重要，"治病不明脏腑，何异于盲人夜行"，并指出古医书中关于人体记述的错误很多。他曾多次到疫病暴死者乱葬岗中和死刑场当中观察人体的内脏结构，并于

1830年著成了《医林改错》一书，其中还附图25幅。

在这部书中，王清任首先记载了人体腔由膈膜分为胸、腹两腔，而非像古书图中所给出的两个膈膜、三个体腔——三焦。又改正了古图中肺有六叶两耳二十四管的错误——"肺有左、右两大叶，肺外皮实无透窍，亦无行气的二十四孔"。他认为，肝有四叶，胆附于肝右第二叶，从而纠正了古图中肝为七叶的错误。

此外，关于人体内的胰腺、胆管、幽门括约肌、肠系膜等，王清任给出的描绘也更符合实际。他还精辟地论证了思维产生于脑而不在心，"两耳通脑，所听之声归于脑……两目系如线，长于脑，所见之物归于脑……鼻通于脑，所闻香臭归于脑……"

王清任的这些看法，与现代解剖学及生理学的看法十分相近。在临床医学上，以活血化瘀为治疗原则，王清任所立的活血化瘀方剂至今仍为中医临床广泛采用。

受祖上行医影响，王清任从20岁就开始行医，几年后便誉满玉田；30多岁时，他到北京设立了医馆"知一堂"，成为京师名医。

王清任在医病时，不为前人所限，用药也十分独到，因而治愈了不少疑难病症。据清光绪十年的《玉田县志》中记载，有一个人夜里睡觉，必须要用个重物压在胸上才能睡着；而另一人在仰卧时睡觉，只要胸间稍微盖点被子，就不能入睡。王清任用了一张药方，便治愈了这两种不同的病症。

为了做一个好医生，王清任一生读了大量的医书。他曾说："尝阅古人脏腑论及所绘之图，立言处处自相矛盾。"在临床实践中，他感到中医解剖学知识不足，提出了"夫业医诊病，当先明脏腑"的论点。他认为，"著书不明脏腑，岂不是痴人说梦；治病不明脏腑，何异于盲人夜行"。为此，王清任冲破封建礼教束缚，进行了近30年的解剖学研究活动。这在信奉"身体发肤受之父母"的时代，可谓非常难能可贵。

嘉庆二年（1797），王清任在到河北滦县稻地镇行医时，适逢流行"温疹痢症"，每天病死的孩子达百余人。王清任冒着染病的危险，一连10多天，详细地对照研究了30多具尸体内脏。他与古医书中所绘的"脏腑图"相比较发现，古书中的记载大多与人体不相符。王清任为了解除对古医书中说的小儿"五脏六腑，成而未全"的怀疑，嘉庆四年（1799）六月，在奉天行医时，听说有个女犯人将被判处剐刑（肢体割碎），他急忙赶赴刑场，仔细观察，发现成人与小儿的脏腑结构大致相同。

后来，王清任又到北京、奉天等地多次观察尸体，并向恒敬（道光年间领兵官员，见过死人颇多）求教，明确了横膈膜是人体内脏上下的分界线。

王清任还曾经多次做过"以畜较之，遂喂遂杀"的动物解剖实验。经过几十年的刻苦钻研，本着"非欲后人知我，亦不避后人罪我""唯愿医林中人……临症有所遵循，不致南辕北辙"的愿望和态度，王清任于道光十年（1830）即他逝世的前一年，著成了《医林改错》一书（两卷），刊行于世。

该书被刊出后，梁启超评论："王勋臣……诚中国医界极大胆革命论者，其人之学术，亦饶有科学的精神。"范行准在所著的《中国医学史略》中评价王清任："就他伟大实践精神而言，已觉难能可贵，绝不逊于修制《本草纲目》的李时珍。"唐宗海在《中西汇通医经精义》中也说："中国《医林改错》中，剖视脏腑与西医所言略同，因采其图以为印证。"多年来，这部书多次重版刊印。1949年后，全国各地开始介绍王清任，研究《医林改错》的论文、评注已不下50余篇（册）。

在《医林改错》中，王清任修正了古代解剖学中的许多讹谬，对人的大脑也重新有了认识。他正确地提出："灵机、记性，不在心，在脑。"意思是说，如果人的脑子出了毛病，就会引起耳聋、目暗、鼻塞甚至死亡。

在临床实践方面，王清任对气血理论也做了新的发展，认为"气"和"血"是人体中的重要物质，主张"治病之要诀，在明白'气、血'，无论外感内伤……所伤者无非气、血"。在治疗疾病的处方中，王清任提出了"补气活血"和"逐瘀活血"两种治疗方法，这就是活血化瘀的理论，至今仍有重要的实用价值。

王清任还创立了"血府逐瘀汤"等8个方剂，疗效显著。此外，他还创立和修改了古方33个，总结出了气虚症状60种和血瘀症状50种，创制的药方治疗范围十分广泛，其中"补阳还五汤"就是治疗冠心病、半身不遂的有效名方。我国医学界至今仍然沿用王清任的某些方剂，对治疗脑膜炎后遗症、小儿伤寒瘟疫、吐泻等症都具有良好的效果。

王清任的治学态度十分严谨，他主张医学家著书立说应建立在亲治其症万无一失的基础之上。他反对因循守旧，勇于实践革新，最终成名于世。《医林改错》一书极大地丰富了我国的医学宝库。此书还曾被节译成外文，对世界医学的发展产生了一定影响，为此西方医学界还称王清任为中国近代的解剖学家。

□故事感悟

中医是不重视解剖学的，甚至对解剖持反对的态度，但王清任却能突破传统思维，以自己的敬业精神，开拓了中医学的新天地。他的敬业精神理应受到后人的尊敬。

王清任被迫离乡

王清任自幼习武,曾为武庠生,捐过千总衔。在清乾隆、嘉庆年间,王清任的故乡还乡河上仅有渡桥,由于官府以"官桥官渡"为由勒索百姓,众人提出"善桥善渡"以行善的讼端,王清任便力主"善桥善渡"。

在开庭审理时,知县几次摘去凉帽,王清任几次站诉不屈,并义正词严地说:"我跪的是大清法制'顶戴花翎',不是为你下跪!"结果触怒县官。

王清任平时还多用文言、辞令等蔑视封建统治者的衙门,久而久之,县衙便与当地豪绅勾结起来,对王清任进行迫害。无奈之下,王清任不得不离乡出走,辗转去了滦县稻地镇(今河北唐山市丰南区)、东北奉天(今沈阳)等地行医救人。

王清任的《医林改错》

《医林改错》为清代时期的著名医学家王清任所著,于1830年著成,共附图25幅。

《医林改错》是一部百年来令医学界都争论不休的书。这部书主要阐述了两个方面的观点。

其一是"改错"。王清任认为,我国古代医书中对人体脏腑的位置、大小和重量等的描述并不确切。他曾经在瘟疫流行的灾区观察未掩埋的儿童尸体300多例,逐一对这些尸体进行了解剖和观察,绘制了大量的脏腑图。他认为,前世许多医书的讲法是不正确的,必须要改正过来,故而起名为《医林改错》。

其二主要表明了王清任对人体气血的特殊认识。他认为,人体的气与血皆为生命的源泉,但同时也是致病的因素。不论是外感还是内伤,对人

体的损伤皆伤于气血而非脏腑。气有虚实，实为邪实，虚为正虚；血有亏瘀，亏为失血，瘀为阻滞。他认为，瘀血是由于正气虚，推动无力造成的，故而血瘀症都属于虚中夹实。因此，王清任倡导"补气活血"和"逐瘀活血"两大法则。这就是他的著名的"瘀血说"。

虽然后世医学家对王清任的《医林改错》有着褒贬不一的评价，但王清任肯于实地观察、亲自动手实践的精神是值得肯定的。王清任也为后世医者留下了宝贵的资料，在治疗瘀血症的立法及方剂的创立上，他的发扬和革新有着很大的学术价值。

陈景润斗室攻坚

　　陈景润（1933—1996），福建福州人，毕业于厦门大学数学系。中国著名的数学家，也是20世纪世界数学史上占有重要地位的人物。陈景润曾任职于北京一所中学，后任职于厦门大学图书馆。由于他对塔里问题的一个结果作了改进，受到华罗庚的重视，被调到中国科学院数学研究所工作，先任实习研究员、助理研究员，再提升为研究员，后当选为中国科学院数学物理学部委员。陈景润在数学研究方面作出了很大贡献，是世界著名解析数论学家之一。

　　从小学开始，陈景润最感兴趣的就是数学课。一本数学课本，他往往只用两个星期就学完了。

　　有一次，教数学的沈老师给同学们介绍了中国古代人对数学的贡献，说祖冲之对圆周率的研究成果早于西欧1000年，南宋秦九韶对"联合一次方程式"的解法也比意大利数学家欧拉的解法早500多年。沈老师接着鼓励大家说："我们不能停步，希望你们将来能创造出更大的奇迹，比如现在有个'哥得巴赫猜想'，是数论中至

今未解的难题。我们都把它比做皇冠上的明珠，你们要把这颗明珠摘下来！"

课后，老师问陈景润对自己所提出的"哥德巴赫猜想"有什么想法，陈景润不自信地问："我能行吗？"

老师说："天下无难事，只怕有心人！"

那一夜，陈景润失眠了。他立誓，长大以后不论成败如何，都要不惜一切去努力！

1957年，陈景润被调到中国科学院研究所工作。作为新的学习起点，他更加刻苦钻研。经过十多年的推算，1965年5月，陈景润发表了他的论文《大偶数表示一个素数及一个不超过两个素数的乘积之和》。

论文一经发表，就受到了世界数学界和许多著名数学家的高度重视与称赞。英国数学家哈伯斯坦和德国数学家黎希特将陈景润的论文写进了数学书中，称为"陈氏定理"。可是，这个在世界数学领域取得出色成绩的精英在日常生活中却不知商品的分类，有些商品甚至连名字都叫不出来，因而也被称为"痴人"和"怪人"。

不幸的是，1984年4月27日，陈景润在横过马路时，被一辆急驶而来的自行车撞倒，导致后脑着地，摔成重伤。这让身体本来就不大好的陈景润受到了几乎致命的创伤。从医院里出来后，陈景润苍白的脸上有时会泛着让人忧郁的青灰色，不久就诱发了帕金森氏综合征。

为了实现自己的梦想，陈景润不顾自己的病痛，在不足6平方米的斗室里潜心钻研数学，光是计算的草纸就足足装了几麻袋。

世界级数学大师、美国学者安德烈·韦伊曾这样称赞陈景润："陈景润的每一项工作，都好像是在喜马拉雅山山巅上行走。"

对于陈景润的贡献，中国的数学家们有过这样一句表述：陈景润是在挑战解析数论领域250年来全世界智力极限的总和。中国改革开放总设计师邓小平曾经意味深长地告诉人们：像陈景润这样的科学家，"中国有一千个就了不得"。

▇故事感悟

"人生的目的是奉献，不是索取。"这句话陈景润一生都铭记在心。他终生致力于对数学的研究，忍耐着常人不能忍受的寂寞与孤独，默默地用实际行动践行着心中的信念，终于迎来了属于自己的春天！

▇史海撷英

陈景润之"38号"

有一天，陈景润在吃午饭时，摸摸脑袋，感觉自己的头发太长了，应该去理理，于是就放下饭碗，跑到理发店去了。

陈景润到理发店一看，理发店里的人很多，大家都在排着次序理发。陈景润拿的牌子是38号，他忽然想起，上午在读外文的时候，有个地方没看懂。他看了看手表，才12点半，还早呢。他就想先到图书馆去查一查，查完再回来理发也不迟。

谁知道，陈景润刚走不多久，就轮到他理发了，理发员大声地喊："38号！谁是38号？快来理发！"

陈景润到图书馆后，一直看书看到太阳下山，才想起来理发的事儿。他一摸口袋，那张38号的小牌子还好好地躺着哩，但是，等他来到理发店时，这个号码早已作废了。

陈景润星

1999 年 10 月，经国际小天体命名委员会批准，中国科学院北京天文观测中心施密特 CCD 小行星项目组发现的国际永久编号是"7681"的小行星，被命名为"陈景润星"。1999 年 10 月 26 日，"陈景润星"命名仪式在北京人民大会堂举行。

该行星获得的永久编号是 7681 号，也是获得命名权的小行星中第一颗编号为素数的。因为素数是陈景润先生的重要研究对象，为了纪念这位伟大的数学家，天文学家们便决定把这颗小行星命名为"陈景润星"。

"两弹元勋"邓稼先

邓稼先（1924—1986），杰出科学家，中国"两弹元勋"，参加组织和领导了我国核武器的研究、设计工作，是我国核武器理论研究工作的奠基者之一，从原子弹、氢弹原理的突破和试验成功及其武器化，到新式核武器的重大原理突破和研制试验，均作出了重大贡献。作为主要参加者，邓稼先的成果曾获国家自然科学奖一等奖和国家科技进步奖特等奖，被称为"中国原子弹之父"。

1947年，邓稼先抱着学习更多的本领建设新中国的志向，通过了赴美研究生的考试，于翌年秋进入美国印第安纳州的普渡大学研究生院。

由于学习成绩突出，邓稼先用不到两年的时间便修满了学分，并通过了博士论文答辩。此时，他才只有26岁，人称"娃娃博士"。 1950年8月，这位取得学位仅仅9天的"娃娃博士"，便毅然放弃了在美国的优越生活和工作条件，回到了一穷二白的祖国。

1950年10月，邓稼先来到中国科学院近代物理研究所，担任研究员。在北京外事部门的招待会上，有人问邓稼先从美国带了什么回来，

他回答说："带了几双眼下中国还不能生产的尼龙袜子送给父亲，还带了一脑袋关于原子核的知识。"

在此以后的8年中，邓稼先系统地进行了中国原子核理论的研究与探索。

中国研制原子弹的时候，正值国家三年困难时期。那时，一些尖端领域的科研人员虽然有比较高的粮食定量，却由于缺乏油水，也经常饥肠辘辘。邓稼先从岳父那里多少能得到一些粮票的支援，他都用来买饼干之类的食物，以便在工作紧张时与同事们分享。

就是在这样艰苦的条件下，邓稼先与同事们日夜加班。邓稼先不仅要在秘密科研院所里费尽心血，还要经常到飞沙走石的戈壁试验现场。他冒着酷暑严寒，在试验场度过了整整8年的单身汉生活，有15次在现场领导核试验，从而掌握了大量的第一手材料。

邓稼先虽然长期担任着核试验的领导工作，但却本着对工作负责的态度，在最关键、最危险的时候总是出现在第一线。比如，在核武器插雷管、铀球加工等生死系于一发的危险时刻，他都站在操作人员身边，既加强了管理，又给了作业者极大的鼓励。

1964年10月，中国成功爆炸的第一颗原子弹就是由邓稼先最后签字确定设计方案的。邓稼先还率领研究人员，在试验后迅速进入到爆炸现场进行采样，以证实爆炸的效果。同时，他还和于敏等人投入到了对氢弹的研究中。按照"邓—于方案"，最后终于制成了氢弹，并于原子弹爆炸后的2年零8个月试验成功。这同法国用了8年、美国用了7年、苏联用了10年的时间相比，创造了世界上最快的速度。

在中国核武器的研制与发展方面，邓稼先是最早的主要组织者和领导者，因此被称为"两弹元勋"。在对原子弹和氢弹的研究中，邓稼先领导开展了爆轰物理、流体力学、状态方程、中子输运等方面的基础理论研究，完成了原子弹的理论方案，并参与指导了核试验的爆轰模拟试验。

在原子弹试验成功后，邓稼先又积极组织力量，探索氢弹的设计原理，选定技术途径，领导并亲自参与了1967年中国第一颗氢弹的研制和实验工作。

1979年，邓稼先担任核武器研究院院长。1984年，邓稼先在大漠深处指挥中国第二代新式核武器试验成功。翌年，他的癌细胞扩散已无法挽救，在微笑中闭上了眼睛。

■故事感悟

邓稼先是中国知识分子的优秀代表。为了祖国的强盛，为了国防科研事业的发展，他放弃了国外的优越生活，毅然回到祖国，将他的一生贡献给了他所钟爱的事业。他甘当无名英雄，默默无闻地奋斗了数十年。他常常在关键时刻不顾个人安危，出现在最危险的岗位上，其崇高无私的敬业奉献精神永远激励着年青一代。

■史海撷英

邓稼先身先士卒

有一次，在进行原子弹航投试验时，降落伞出现事故，原子弹坠地被摔裂。邓稼先深知这一后果的危险，便一个人抢上前去，将摔破的原子弹碎片拿到手里仔细检验。

身为医学教授的妻子知道邓稼先"抱"了摔裂的原子弹，在邓稼先回北京时便强拉他去医院检查身体。结果发现，邓稼先的小便中带有放射性物质，肝脏被损，骨髓里也侵入了放射物。

然而，邓稼先仍然坚持回到核试验基地。在步履艰难之时，他还坚持要自己去装雷管，并首次以院长的权威向周围的人下命令："你们还年轻，你们不能去！"

□ **文苑拾萃**

中国四大发明之———火药

中国是最早发明火药的国家，黑色的火药在晚唐（9 世纪末）时期便已经正式出现。

火药是由古代炼丹家发明的。从战国时期到汉代初年，帝王贵族们便沉醉于长生不老的幻想之中，驱使一些方士道士炼"仙丹"。在炼制过程中，便逐渐发明了火药的配方。

唐代的炼丹家于唐高宗永淳元年（682）首先发明了硫磺伏火法，主要是用硫磺、硝石研成粉末，再加皂角子（含碳素）合成。唐宪宗元和三年（808），又发明了状火矾法，即用硝石、硫磺及马兜铃（含碳素）一起烧炼。这两种配方都是把三种药料混合起来，这已经初步确定了火药所含的成分。

中国发明了火药后，首先将其运用于制造烟火，不久后就将其运用于军事，并发明了世界上第一支火箭。在宋代，中国的火药在军事上便已运用得相当成熟了，当时中国的科技遥遥领先于世界。

中国气象专家竺可桢

竺可桢（1890—1974），中国卓越的科学家和教育家，当代著名的地理学家和气象学家，中国近代地理学的奠基人。竺可桢先后创建了中国大学中的第一个地学系和中央研究院气象研究所。他还担任了13年浙江大学校长，被尊为中国高校四大校长之一。1949年以后，他出任中国科学院副院长，开辟了自然资源综合考察事业。竺可桢从1936年1月1日至逝世，对每天的天气与物候均有记载，共计300余万字。

竺可桢早年曾从事过台风和东亚季风的研究，在气候变迁领域的研究中取得了卓越的成就。

在工作方面，竺可桢一直都是持之以恒，锲而不舍，数十年如一日，对中国和世界历史时期的气候变迁进行了大量的研究。

1961年，竺可桢撰写了《历史时代世界气候的波动》一书。1972年，他又发表了《中国近五千年来气候变迁初步研究》等学术论文。前者依据北冰洋海冰衰减、苏联冻土带南界北移、世界高山冰川后退、海面上升等有关文献资料记述的地理现象，证明了20世纪气候逐步转

暖,并由此追溯了历史时期和第四纪世界气候、各国水旱寒暖转变波动的历程,发现17世纪后半期长江下游的寒冷时期与西欧的"小冰期"相一致,最后指出,太阳辐射强度的变化可能是引起气候波动的一个重要原因。竺可桢的这一研究成果,为历史气候的研究提供了新的论据。

这篇论文也是竺可桢一生中比较重要的论文之一,可以说,是他数十年深入研究历史气候的心血和结晶,也是一项震动国内外科学界的重大学术成就。竺可桢充分利用了我国古代的典籍与方志的记载,以及考古的成果、物候观测和仪器记录资料等,去粗取精,去伪存真,最终得出了令人信服的结论。

在这篇论文中,竺可桢指出:中国从仰韶文化时期到安阳殷墟时期的2000年间,黄河流域的年平均温度大致比现在高2℃,一月份的温度约3℃~5℃;此后的一系列冷暖变动,幅度大致在1℃~2℃之间,每次波动周期历时约400~800年;历史上的几次低温,都出现在公元前1700年、公元前1200年、公元前1000年、公元前400年;在每400年至800年的周期中,又有周期为50~100年的小循环,温度变动幅度为0.5℃~1℃。气候的历史波动是世界性的,但是,每一最冷时期似乎都是先从东亚太平洋沿岸出现的,随后才波及欧洲与非洲的大西洋沿岸。大变动的原因主要是受到太阳辐射的影响,而小变动的原因则与大气环流的活动有关。

这篇论文为气象学术界树立了光辉的榜样,受到了国内外学者的高度赞扬。我国历史地理学家谭其骧说:"每读一遍都使我觉得此文功夫之深、分量之重,为多年所少见的作品,理应跻身于世界名著之林。"日本气候学家吉野正敏说:"在气候学的历史中,竺可桢起了巨大的作用。经过半个世纪到今天,他所发表的论文,仍然走在学术界的前面。"

　　竺可桢为促进气象事业发展做了很多努力，独立自主地发布国土上的天气预报，被认为是国家的主权之一。但是在半殖民地的旧中国，中国的天气预报权却操纵在帝国主义者手里。在当时政府的支持下，经过竺可桢领导的气象研究所和全国各方面的共同努力，于1930年3月取缔了上海徐家汇发布气象预报的顾家宅电台，开始了由中国人自主发布气象预报。与此同时，逐步限制当时位于上海法租界内徐家汇观象台的业务范围。

　　在我国近代气象事业刚刚发展时，体制比较混乱，气象研究所只是其中的一个方面。1931年，在竺可桢的努力下，由当时内政部出面召集会议，经过充分协商，通过了由竺可桢及其助手拟订的《全国气象观测实施规程》。后来，气象研究所又编印了《测候须知》《气象学名词中外对照表》《气象电码》等工具书。

　　此外，气象研究所还定期出版一些资料，如《气象月刊》《气象年报》等，为互相交流情况起到重要作用。

　　《气象月刊》中所载的气象资料，几乎包括了当时国内的重要台站。此后，在竺可桢的亲自主持下，还编印出版了《中国之雨量》和《中国之温度》两本丰富的资料，被认为是中国近代气象事业发展的明证，也是我国记录年代最久、涉及台站数量最多、质量有保证、内容最完整的降水和气温资料。

　　此外，在1930年、1935年和1937年，竺可桢还通过中央研究院先后三次召开全国气象会议，针对交通、军事、航空等部门为发展气象事业所关心的问题进行了充分的商讨，并在会议上作出相应决议，使全国气象工作逐步纳入统一的规范与标准。

■故事感悟

竺可桢实事求是，为气象学奉献了自己的一生。正是这种自强不息的爱国精神和永不气馁的奋斗精神，激励着他立足岗位，为中国的气象研究事业作出了不朽的贡献。

■史海撷英

竺可桢临危受命任浙大校长

1935年冬，"一二·九"运动爆发。12月10日，浙大学生召开全校大会，表示响应"一二·九"运动，并发动杭州各校学生近万人于11日举行抗日示威游行。

当时，浙大的校长郭任远竟然秉承国民党旨意，招来军警镇压学生。然而这一举动不仅没有阻止学生的爱国行动，反而使学生心中积压已久的愤怒如火山般迸发出来。同学们当即决定罢课，并要求撤换校长。

为了平息学潮，蒋介石不得已只好同意更换校长。在陈布雷、翁文灏等人的推荐下，蒋介石最终将新校长的人选圈定为竺可桢。

但是，获此消息后的竺可桢却有些犹豫不决，主要有两个原因：一是他放不下气象研究所的工作，二是担心"大学校长其职务之繁重10倍于研究所所长"，而自己不善于也不屑于繁杂琐碎的官场应酬，他更愿意将时间花在科学研究上。

正在竺可桢拿不定主意时，夫人张侠魂却鼓励他出任校长。她认为，现在的大学教育问题很多，风气不正，如果竺可桢任校长，正好可以为整顿教育、转变学风做一些努力。

经过再三考虑，竺可桢决定接任浙大校长的职务，但同时提出了三个条件：第一，财政须源源接济；第二，校长有用人全权，不受政党干涉；第三，时间以半年为限。

　　1936年4月7日，行政院政治会议正式通过由竺可桢担任浙大校长的决定。4月25日，竺可桢正式走马上任。他上任后，重点为浙大做了两件事情，一件是改革学校管理，另一件便是积极吸纳贤才。

■文苑拾萃

古代气象学著作

　　唐朝时期，有黄子发的《相雨书》，该书收集了唐代以前的天气经验。

　　元末明初时期，有娄元礼的《田家五行》，这是一部比《相雨书》更系统的天气经验专集。

　　此外，《梦溪笔谈》《灵宪》中也对气象学有所涉及。

李四光让中国摘掉贫油帽子

李四光（1889—1971），蒙古族，湖北省黄冈市回龙山香炉湾人。中国著名地质学家，中国科学院院士，历任地质部部长、中国科学院副院长、中国科协第一届主席等职，还是第一届全国政协常委，第二、三、四届全国政协副主席。

李四光是中国现代地球科学和地质工作奠基人，他创立了地质力学，并以力学的观点研究地壳运动现象，探索地质运动与矿产分布规律，从理论上推翻了中国贫油的结论，肯定了中国具有良好的储油条件。李四光对地质学的基础学科，如地层学、构造地质学、古生物学、第四纪冰川学、岩石学、矿物学等，都有精湛的研究和很深的造诣，著有《地球表面形象变迁的主因》《地质力学概论》《地震地质》以及文集《天文、地质、古生物》等书。

在国家刚刚解放时，大规模的经济建设一开始就遇到了石油短缺的困难。当时，全国所需的石油80％~90％都要依靠进口。1953年底，毛泽东主席和周恩来总理等中央领导人将李四光请到了中南海。毛主席十分担心地问李四光："有人说'中国贫油'，你对这个问题怎么看呢？如果中国真的贫油，要不要走人工合成石油的道路？"

李四光毕生都倡导以力学观点来研究地质构造的发生、发展及组合的规律，他认为，各种构造形态都是地应力活动的结果，因而建立了"构造体系"的概念，创建了地质力学学派。李四光运用地质力学理论，驱散了"中国贫油论"的迷雾，指导了我国石油地质普查工作。

李四光的最大贡献就是创立了地质力学，并以力学的观点研究地壳运动现象，探索地质运动与矿产分布规律，然后又分析中国的地质条件，肯定地得出了中国的陆地一定有石油的观点，从理论上推翻了"中国贫油"的结论。

毛主席和周总理认真地听取了李四光的汇报后，支持他的观点，并根据他的建议，在松辽平原、华北平原等地开始了大规模的石油普查工作。

1956年，李四光亲自主持了石油普查勘探工作。从20世纪50年代后期到60年代，勘探部门相继找到了大庆油田、大港油田、胜利油田、华北油田等大油田，在国家建设急需能源的时候，使滚滚石油冒了出来。这一事实不仅摘掉了"中国贫油"的帽子，也有力地证明了李四光独创的地质力学理论的成立。

故事感悟

"中国贫油论"极大地阻碍了我国石油开采的脚步，李四光经过努力研究，打破了中国贫油的说法，并为后人带来了一系列重大发现，帮助我国摘掉了贫油的帽子。他热爱祖国，立足岗位，以丰富的地质知识和敬业精神为祖国的发展作出了巨大的贡献。

地震预报

1964年，李四光在75岁高龄时仍在忘我地工作着，并且依然在不断地开辟新的研究领域。

在生命的最后几年里，李四光花了大量精力来研究地震预报工作。可以说，这也是他晚年时期最放心不下的一件大事。在1966年邢台大地震发生后，李四光便提醒大家应注意河北河间、沧州，要注意渤海，要注意云南通海，要注意四川炉霍，要注意云南的彝良大关，要注意松潘，要注意唐山……

后来的一次次地震爆发都证明了李四光对地震预测的正确性。当时，很多科学家都认为地震是无法预报的，但李四光却斩钉截铁地说："地震是可以预报的"。

古代地震记录

作为一种灾难性的自然现象，地震这种因地球内部的运动而引起的地壳剧烈变化以及地面强烈震动很早就引起了古代人们的注意，并在史书上进行了翔实的记录。

最早记载地震的史书是《竹书纪年》。该书成书于距今3000多年的殷商帝乙三年（公元前1099年）。在《春秋》一书中，文公九年、襄公十六年、昭公十九年、哀公三年等也都明确地记载有地震或地动的情况发生。传说中的先秦法家著作《尸子》卷下云："海水三岁一周流，波相薄，故地动。"《吕氏春秋·音初》篇："文王即位八年而地动。"与史书记载相吻合。

人类同地震已经打了数千年的交道，在受到打击和毁灭的同时，人类也表现出了超强的意志和惊人的生命力，逐步积累了丰富的抗震救灾的经验。

华罗庚的学术精神

华罗庚（1910—1985），江苏金坛人，中国著名数学家，中国科学院院士，美国国家科学院外籍院士。华罗庚是中国解析数论、典型群、矩阵几何学、自守函数论与多元复变函数等很多方面研究的创始人与奠基者，也是中国在世界上最有影响的数学家之一，被列为芝加哥科学技术博物馆中当今世界88位数学伟人之一。

1949年新中国成立，华罗庚克服了来自于美国政府的种种阻挠，决心携家人回国。他们一家五口乘船离开美国，于1950年2月到达香港。华罗庚在香港发表了一封致留美学生的公开信，信中充满了爱国激情，鼓励海外学子回来为新中国服务。3月11日，新华社播发了这封信。1950年3月16日，华罗庚与夫人、孩子乘火车抵达北京。

华罗庚回到北京后，便担任清华大学的数学系主任。接着，他受中国科学院院长郭沫若的邀请，开始筹建数学研究所。

1952年7月，在华罗庚的努力下，数学研究所成立，华罗庚担任所长。从此，他潜心为新中国培养数学人才，王元、陆启铿、龚升、陈景

润、万哲先等人，都是在他的培养下成为著名数学家的。

在回国后短短的几年中，华罗庚就在数学领域取得了累累硕果，他的论文《典型域上的多元复变函数论》于1957年1月获国家发明一等奖，并先后出版了中、俄、英文版专著；1957年，《数论导引》出版；1959年，首先用德文出版了《指数和的估计及其在数论中的应用》，又先后出版了俄文版和中文版；1963年，华罗庚和学生万哲先合写的《典型群》一书又获得出版。

为了培养青少年学习数学的热情，华罗庚还在北京发起组织了中学生数学竞赛活动。在活动中，从出题到监考到阅卷，他都亲自参加，并多次到外地去推广这一活动。

华罗庚还写了一系列的数学通俗读物，在青少年中产生了极大的影响。

华罗庚主张，在科学研究中要培养学术空气，开展学术讨论，因此他发起并创建了我国计算机技术研究所，成为中国最早主张研制电子计算机的科学家之一。

1953年，华罗庚参加了中国科学家代表团赴苏联访问。作为中国的数学家代表，华罗庚出席了在匈牙利召开的二战后首次世界数学家代表大会。同时，他还出席了亚太和平会议、世界和平理事会。1958年，华罗庚又与郭沫若一起，率中国代表团出席在新德里召开的"在科学、技术和工程问题上协调"的会议。

1958年，华罗庚被任命为中国科技大学副校长兼应用数学系主任。在继续从事数学理论研究的同时，华罗庚还努力尝试寻找一条数学和工农业实践相结合的道路。经过一系列的研究实践，他发现数学中的统筹法和优选法是在工农业生产中能够比较普遍应用的方法，可以提高工作效率，改变工作管理面貌。于是，他一面在科技大学讲课，一面带领学生到工农业生产实践中去推广优选法、统筹法。

晚年的华罗庚不顾年老体弱，即便是行动不便，也仍然奔波在建设的第一线，成为中国解析数论、矩阵几何学、典型群、自守函数论等多方面研究的创始人和开拓者。在国际上以华氏命名的数学科研成果就有"华氏定理""怀依—华不等式""华氏不等式""普劳威尔—加当—华定理""华氏算子""华—王方法"等。

在代数方面，华罗庚还证明了历史上长久遗留的一维射影几何的基本定理；给出了体的正规子体一定包含在它的中心之中这个结果的一个简单而直接的证明，被称为"嘉当—布饶尔—华定理"。

此外，华罗庚的专著《堆垒素数论》还系统地总结、发展与改进了哈代与李特尔伍德圆法、维诺格拉多夫三角和估计方法及他本人的方法。该书出版40余年来，其主要结果仍居世界领先地位，先后被译为俄、匈、日、德、英文出版，成为20世纪经典数论著作之一。

■故事感悟

作为一代数学巨匠，华罗庚为国家作出了巨大的贡献。为了回到祖国，他历经艰辛，冲破美国的层层阻力，终于如愿以偿。他的归来，也为我国的经济及科技发展增添了动力，他领导的团队使我国的科技水平迈上了一个崭新的台阶。

■史海撷英

华罗庚的童年故事

华罗庚小时候学习十分刻苦，但却被叫去看店（卖棉花的铺子）。

　　有一次，有个妇女来华罗庚所在的店里买棉花，华罗庚正在算一道数学题。那个妇女就问，一包棉花多少钱？勤学的华罗庚没有听见，就把算的答案说了一遍。妇女一听，马上尖叫起来："怎么这么贵？"

　　这时，华罗庚才知道是有人来买棉花了，他赶紧又把棉花的价格重新说了一遍，妇女这才买了一包棉花走了。

　　妇女走后，华罗庚准备坐下来继续算数时，才发现刚才算题目的草纸被妇女带走了。这下可急坏了华罗庚，他起身就跑出去追那个妇女。一个黄包车师傅便让他坐车追，才终于追上了。华罗庚不好意思地说："阿姨，请……请把草纸还给我。"

　　那妇女生气地说："这可是我花钱买的，可不是你送的！"

　　华罗庚急坏了，赶紧说："要不这样吧，我花钱把它买下来。"

　　正在华罗庚伸手掏钱之时，那妇女好像是被这孩子的行为感动了，不仅没要钱，还把草纸还给了华罗庚。

□文苑拾萃

十进制计数法

　　商朝时期的《卜辞》中记载说，商代的人已经学会用一、二、三、四、五、六、七、八、九、十、百、千、万这13个单字来记录十万以内的任何数字了，但是现在能够证实的当时最大的数字是三万。甲骨卜辞中还有奇数、偶数和倍数等概念。

　　十进位位值制记数法包括十进位和位值制两条原则。"十进"即满十进一；"位值"是指同一个数位在不同的位置上所表示的数值也不同，如三位数"111"，右边的"1"在个位上表示1个一，中间的"1"在十位上就表示1个十，左边的"1"在百位上则表示1个百。这样，就使特别困难的整数表示和演算变得简便易行了，以至于人们忽略它对数学发展所起的关键作用。

十进制是古代中国人的一项杰出创造,在世界数学史上有着重要的意义。著名的英国科学史学家李约瑟教授曾对中国商代的记数法给予了很高的评价:"如果没有这种十进制,就几乎不可能出现我们现在这个统一化的世界了""总的说来,商代的数字系统比同一时代的古巴比伦和古埃及更为先进更为科学。"

第四篇
自学成才

袁正海是这样的钳工

袁政海（生年不详），中共党员，江西省江铃集团模具厂模具班班长。1990年，袁政海从技校毕业分配到江铃模具厂模具班组工作，他始终爱岗敬业，勤奋学习科学知识，潜心钻研岗位技术，直接参与公司的技术改进项目达40多项，为江铃公司节约资金近500万元。

1990年，袁政海从技校毕业后，便被分配到江西省江铃模具厂当了一名钳工。刚开始时，做一个模具钳工并不是他的理想，但一次终生难忘的培训深深地触动了他，让他重新认识了自己所从事的工作的重要性。

1991年，江铃派袁政海去参加一个由中国和德国合作举办的培训班。在那里，来自德国的几百种教学设备让他大开眼界：加工设备先进，易于操作；小工具用起来也十分便捷，省时省力；制造出的模具就像艺术品一样，做工精湛，表面光滑。在这里，袁政海还第一次看到了数控设备，亲身体验了数控设备为制造业带来的便捷和神奇。

为什么德国的汽车工业这么发达？为什么德国的工人能够把笨重的模具做得如此精巧美观？强烈的对比，明显的差距，不仅让袁政海产生

了赶超国外模具制作工艺的决心，也让他感觉到了模具钳工这个岗位是个大有作为、大有前途的职业。

从那以后，袁政海便迷上了模具技术，并开始利用业余时间自学大学课程。只要是与模具有关的书籍，他都会借来阅读。为了便于学习，袁政海还将被褥搬到了大学生的宿舍中，不懂的地方就向他们请教。后来，他不仅能看懂图纸，还能自己设计图纸，并拿到了模具专业的大专学历。

模具上的关键零件精度要求非常高，在制造维修时，都是以头发粗细的"丝"为单位的。车间里有一位老师傅练就了一手绝活，叫"一锉准"。他的一锉刀锉下去，就知道是几丝，而且是要几丝锉几丝，丝毫不差。于是，袁政海就下决心把老师傅的这手绝活学到手。

从那以后，他一有空就练，对不同种类的材料都进行试锉。苦练了半年多后，袁政海终于掌握了"一锉准"的功夫。后来，这手功夫还为他赢得了"江西省十大能工巧匠"的荣誉称号。

此后，袁政海又先后创下了三个全国之最：27岁时，成为全国最年轻的高级技师和最年轻的全国技术能手；31岁时，成为"中华技能大奖"最年轻的获奖选手。

铁锤加锉刀，不仅磨炼了袁政海的基本技能，也磨出了他的耐心和认真。虽然设备越来越先进了，传统工具用得少了，但铁锤和锉刀磨炼出来的毅力和刻苦钻研精神却一直影响着他，激励着他不断前进。

□故事感悟

俗语说，"站死的车工，累死的钳工"，即便这样，袁政海还是选择了钳工这一行。他兢兢业业，一如既往地钻研、学习，在平凡的岗位上不断发明创造，从而为自己的人生、为钳工这一行业增光添辉。

钳工小知识

钳工是使用钳工工具或设备，按照技术要求对工件进行加工、修整和装配的工种。钳工的主要工作是加工零件、装配、设备维修及工具的制造和修理等。

通常来说，一些采用机械方法不适宜或不能解决的加工，都可以由钳工来完成。比如：零件加工过程中的划线、精密加工（如刮削锉样板、制作模具等）以及检验及修配等。

装配是把机械设备的零件按装配技术要求进行组装，并经过调整、检验和试车等，使之成为合格的机械设备。

当机械在使用过程中产生故障、出现损坏或长期使用后精度降低影响使用时，也要通过钳工进行维护和修理。

此外，钳工还需要制造和修理各种工具、卡具、量具、模具和各种专业设备等。

"金牌农民工"徐万年

徐万年（1963— ），共产党员，青岛港集团公司西港分公司副经
理。1990年，徐万年从沂南革命老区来到青岛港。20多年来，他先
后做过装卸工人、班长、副队长、副经理。2004年，他带领全班练绝
活、创纪录，创出了17分14秒安全优质装完一节火车的集团最高纪
录，成为全港火车装卸作业的排头兵，也打破了全国海区纪录。

1990年，徐万年从山东沂蒙山区来到青岛，成为一名普通的农民
工。在青岛港，徐万年经过自己的刻苦努力，不仅在工作上取得了十分
优异的成绩，还让自己成长为一名优秀的品牌农民工。

20世纪60年代初，徐万年出生在山东省沂南县杨家坡镇的徐家沟
村，家里有三个哥哥、三个姐姐。由于家境贫穷，父母没有能力供他继
续上学，初中毕业后的徐万年就开始在外面打工赚钱。当时的徐万年，
年轻气盛，凭着一股子闯劲和满腔热血，闯遍了大江南北，但却没挣着
什么钱，还受了不少罪，到最后只能带着一肚子苦水回到了家乡。

1990年春天，通过劳务输出，27岁的徐万年从沂南县来到青岛港。到
青岛港打工的第一个月里，因为没有钱，徐万年一天只吃两顿饭，整天都

饥肠辘辘的，但他仍然坚持下来，只要有干活的机会，就认真干好。

从入港干装卸的第一天起，徐万年就把自强不息、艰苦奋斗的劳动人民本色发挥到极致，脏活累活都抢在最前面干，工友们都称他是"拼命三郎"。"不是100分就是0分"，这是徐万年的原则。有一次，徐万年的腰扭伤了，不能干活，就只好趴在舱口沿上帮大家看门，一趴就是一天。

从1990年到2008年的18年间，徐万年没有请过一天假，也没有休过一天班，甚至没有回家过过一个春节。"青岛港是值得用整个生命来回报的地方。"徐万年一直牢记着老父亲对他的嘱咐。也是凭着这一信念，徐万年创造了一个又一个爱岗敬业的佳话：在担任装卸班的班长、副队长时，他带领职工们冒着舱内高温和码头低温，先后创造出卸冻鱼、氧化铝等货种多项全海区纪录，并且不断创新，被青岛港授予"万年速装"员工品牌；担任西港公司副经理期间，他把办公室搬到了现场，每天用脚步丈量全公司24.7万平方米的码头、库场。一年365天，他坚持"5＋2""白加黑"的工作时间，自己没有节假日、没有星期天，不分白天、晚上，每天都要工作12个小时以上，从而做到了"职工踩着领导的脚印上班，领导踩着职工的脚印下班"。

在进入青岛港仅一个多月的一次生产大会战中，徐万年所在的班组担负小袋碱装船任务。班长把新手徐万年安排到垛上干辅助活，而徐万年却执意要到船舱里去搬包。刚一接触装卸活时，徐万年真有点吃不消，因为找不着搬包的技巧，只会使笨力气。干了不到两小时，他的双手、胳膊和肚皮上就被包装袋磨出了一道道伤痕。纯碱末涂染在伤口上，钻心的疼，可是徐万年硬是一声不吭，紧咬牙关坚持干满整点。一个班下来后，他的浑身酸痛得像散了架一样。

回到队里，班长看到他身上的血痕后，十分感动，连声称赞他说："好样的，是条硬汉子……"

　　从此以后，徐万年对待工作更加积极主动，干起活来也总是比别人多一点、快一点，苦活、累活、脏活抢着干。夏天搬水泥包，他的手指、手腕和肚皮上都被磨出血来，却也不怕疼、不叫苦，用胶布将手指一缠，继续加油干。

　　艰苦的工作也磨炼了徐万年的性格和意志，很快，他就成为班组生产中的骨干，成了班长的得力助手。在青岛港，徐万年感到自己是一个有用的人，因此不再有干短期工的想法，这一想法也坚定了他扎根青岛港的决心。

　　青岛港对农民工也一直在进行着不间断的培养，徐万年在青岛港的培养下，不断适应岗位要求。1993年，他被队里选拔出来，参加了青岛港第一批纹车手培训。他很珍惜这次学习的机会，在培训结束时，他取得了全培训班第一名的好成绩。

　　在担任副队长期间，在徐万年的带领下，从2006年1月份到11月中旬，他所在的装卸队共装啤酒10万多吨，总计1亿瓶，破损率始终是零。"啤酒装船亿瓶不碎"也被树为青岛港的服务品牌。

　　在担任公司生产副经理期间，徐万年每天都要在工作现场待上十几个小时。他积极抓生产、组织协调管理，全年刷新集团纪录82项、公司纪录138项，年平均每秒吞吐0.3吨，效率同比增长25%。可以说，他是用1个码头干出了10个码头的活。也正是因为有了这些创新成果，让徐万年赢得了"金牌农民工""品牌农民工""新时期的产业工人""时代先锋"等荣誉称号。

　　2007年，徐万年的家庭被授予青岛市"十佳和谐家庭"。2008年，徐万年被评为山东省首届百名农民工之星的第一名，并被授予"富民兴鲁劳动奖章"，同年还荣获了山东省"十佳优秀农民工"、山东省"劳动模范"、山东省"优秀共产党员"等五项荣誉称号。

徐万年不怕苦、不怕累，虽然没有很高的学历，没有过硬的本领，但他有一颗敬业奉献的心。在平凡的岗位中，他力争上游，不断进取，从而赢得了一份骄傲和自豪。

■史海撷英

雷锋精神

雷锋精神是以雷锋的名字命名的、以雷锋的精神为基本内涵的、在实践中不断丰富和发展着的革命精神。其实质和核心是全心全意为人民服务，为人民的事业无私奉献。

雷锋精神已经成为我们这个时代精神文明的同义语和先进文化的表征。周恩来总理曾把雷锋精神全面而精辟地概括为"爱憎分明的阶级立场，言行一致的革命精神，公而忘私的共产主义风格，奋不顾身的无产阶级斗志"。

■文苑拾萃

青岛港

青岛港始建于1892年，位于山东半岛南岸的胶州湾内。港内水域宽深，四季通航，港湾口小腹大，是我国著名的优良港口。

青岛港主要由大港、中港和黄岛港组成，各个港的码头都有铁路相连，环胶州湾高等级公路与济青高速公路相接，腹地除吸引山东外，还承担着华北对外运输任务。青岛港也是晋中煤炭和胜利油田原油的主要输出港，成为我国仅次于上海、深圳的第三大集装箱运输港口。

杨晓刚爱岗爱发明

杨晓刚（1978—），中共党员，湖北省十堰车务段十堰站值班员，全路技术能手、全路新长征突击手、火车头奖章获得者。

2001年，杨晓刚从部队退伍后便被分配到湖北省十堰市车务段，成了一名普通的调车员。

十堰站仅专用线就有四条，因此站场线路复杂，每天的对位、排空、取送作业也十分频繁，常常是一趟活干下来就要好几个小时。在刚开始上班时，杨晓刚连制动手闸都拧不紧，这让他很沮丧。为了能早点掌握作业要领，熟悉作业程序，他就天天跟在师傅身后仔细观察，看师傅怎么上铁鞋、接风管。遇到不明白的问题时，他就随手记在小本上，等有空时再虚心向师傅请教。很快，杨晓刚就掌握了调车工作的各项技能，并在调车比武中崭露头角，夺得了连结员比赛中的个人第一名。

2003年4月，杨晓刚被任命为调车长。当了班组长后，杨晓刚觉得自己肩上的担子更重了。他知道，自己干好还不行，还必须带领整个班组的职工一起干好。杨晓刚所在的班组，职工都是工龄不长的年轻人，平均年龄还不到24岁，缺乏工作经验，安全意识也比较薄弱。为了能提高大家的技术水平和安全意识，杨晓刚根据每个人的特点，一一向他们提示工作重点，反复提醒作业中的重要环节。每项防溜措施，他都要亲自检查落实情况。

2008年，杨晓刚走上了车站值班员的岗位。为了能尽早掌握新岗位的业务技能，他一有时间就待在信号楼里，看当班值班员是如何操作设备的。下班后，他就捧着借来的业务书，认真学习设备的各项操作流程等。

在正式上岗后，杨晓刚在接发列车时经常盘算着站内股道如何运用最科学，既节省调车作业时间，又能让旅客上下车更加方便。此外，他还利用休息时间先后制订了《施工安全卡控措施》《接发列车卡控措施》等，为站内接发列车和调车作业的安全工作提供了保障。

虽然杨晓刚不善言辞，但一谈到各项规章制度，他就会口若悬河，讲得头头是道。不论在哪个岗位上，杨晓刚都没有间断过对业务的钻研和学习，用自己的努力在平凡的岗位上做出了出色的贡献。

杨晓刚不但自己经常主动学习，还带动班组职工一起学。在他的带动下，班组里钻研业务的人越来越多，杨晓刚所在班组也成了车站公认的好班组和让领导放心的班组。他的班组先后有多名职工成为业务骨干，而他本人也被铁路局授予"双文明个人"荣誉称号。

一分耕耘一分收获。杨晓刚相继在全局、全路各项接发列车比赛中勇夺大奖，获得的奖项几乎囊括了所有行车工种，他也成了一位名副其实的业务状元，先后获得了"全路技术能手""全路新长征突击手"等荣誉称号和火车头奖章。面对这些荣誉，杨晓刚却谦虚地说："成绩只能代表过去，我还有很多需要学习的地方，还需要继续努力。"

□**故事感悟**

杨晓刚的成功不是偶然，他靠的是强烈的责任感、不服输的劲头和谦虚好学的态度，还有一颗热爱岗位、奉献岗位、服务岗位的决心。

□**史海撷英**

中国铁路知多少

中国第一条小铁路——1865年，英国商人杜兰德在北京宣武门外沿着护城河修建了一条长仅为500米的"展览铁路"——德小铁路。这是中国出现最早的一条铁路。不久，清统治者便以"观者骇怪"为由，勒令将其拆掉。严格地说，这条铁路还不能算得上实质意义上的铁路。

中国第一条营业铁路——1876年，上海怡和洋行英商在未征得清政府同意的情况下，采取欺骗手段，在上海擅自修建了淞沪铁路（从吴淞到上海），并于1876年7月建成通车，全长15公里，经营了一年多的时间。这是中国最早办理客货运输业务的第一条铁路。后来，清政府用了28万两白银将其赎回，并将它全部拆除。

中国人自己修筑的铁路——唐胥铁路。1881年开始修建的唐山至胥各庄铁路，是第一条真正成功并保存下来加以实际应用的铁路，从而揭开了中国自主修建铁路的序幕。

中国自主设计并建造的第一条铁路——京张铁路（丰台柳村至张家口），其总设计师是詹天佑。

"东方底特律"——十堰

湖北省十堰市的别称是"东方底特律"。

之所以有这样的别称,是因为十堰是闻名全国的汽车工业基地,也是闻名全国的汽车城。十堰因车而建、因车而兴,是驰名中外的"东风车"的故乡,是全国闻名的"汽车城",也是"中国第一、世界前三"的商用车生产基地。十堰具有众多实力雄厚的大型汽配企业,拥有全国最具实力的汽车技术研究院和中国最大的汽车配件交易市场,更是全国汽车产业化程度最高、产业集群优势最为明显的地区之一。

许振超三十年如一日

许振超（1950—），1974年进青岛港工作，曾先后荣获青岛市劳动模范、青岛市优秀共产党员、山东省有突出贡献的工人技师、省自学成才先进个人、全国五一劳动奖章获得者和全国交通系统劳动模范、全国劳动模范、全国优秀共产党员等称号，被誉为新时期产业工人的杰出代表。

1974年，许振超初中毕业后，进入山东青岛港当了一名工人。1984年，青岛港组建集装箱公司，许振超便成为青岛港第一代桥吊司机。

桥吊作业有一个高低速减速区，减速早了，装卸效率下降；减速太迟，又会影响货物的安全，于是，许振超就带上测试表反复进行测试，终于成功地将减速区调到了最佳位置。以前，一台桥吊一小时只能吊十四五个箱子，改革后，一小时就能吊近20个箱子。

有一次，一场大雾使整个青岛港码头的装卸作业被迫停了下来，直到中午大雾仍不散。货轮的船长急忙找到许振超，请求他马上把集装箱卸下来。

原来，这一艘货轮中装载的都是冷藏箱，不料供电电源发生了故障，如果不尽快卸载，一旦箱里的温度升高，货物就会变质，损失可能会达到几百万元。

可是，一台桥吊就有十几层楼那么高，而集装箱起吊用的四个锁孔每个才不过一块香皂大小。司机在40多米高的桥吊上，要让四个爪准确地插入集装箱的锁孔中，即使是晴朗的好天气操作起来都有困难，何况是大雾弥漫的天气呢。

看到货轮船长着急的样子，许振超一咬牙答应下来。他首先在船上、岸边各安排了两个经验丰富的老司机，然后通过对讲机随时报告集装箱的位置，自己则登上桥吊，认真进行操作。随着船上、岸边清晰的报告声，一个个箱子一钩到位，顺利地全部卸了下来。

就这样，许振超凭着自己过硬的本领和娴熟的技术，硬是闯过了雾天作业的禁区，为客户挽回了巨额损失，获得了大家的一致好评。

1991年，许振超当上了桥吊队的队长。这时的许振超，不仅要开好自己的桥吊，还要帮助工友做更多的事。

有一次，队里的一台桥吊控制系统发生了故障，请外国厂家的工程师来修。专家一共干了12天，就挣走4.3万元，这让许振超深有感触。他想，如果自己会修的话，这笔钱不就可以省了吗？

然而，桥吊的构造十分复杂，涉及电力拖动、自动控制等多门学科。即使是学起重机械专业的大学生，恐怕也要两三年才能处理桥吊中的一般性故障，而许振超只有初中水平。

为了攻克这门技术，许振超像着了魔似地开始钻研起来。他终于发现，所有的技术难点都集中在一块块控制系统模板上。这也正是外国厂家全力保护的尖端技术——不仅没提供电路模板图纸，就连最基本的数据也没有。

　　许振超偏不服输，每天下了班，他就拿着借来的备用模板，一头扎进自己的小屋里研究起来。一块书本大的模板，一面是密密麻麻镶嵌的上千个电子元件，另一面是弯弯曲曲的印刷电路，这样的模板在桥吊上一共有20块。为了可以分辨细如发丝、若隐若现的线路，许振超专门用玻璃做了个支架，然后把模板固定在玻璃上，下面再安上一个100瓦的灯泡，通过强光让模板上隐身的线路显现出来，然后再一笔一笔地绘制成图。光是分辨这2000多个焊点就已经够麻烦了，还要弄明白它们之间的连接，那就更麻烦了。

　　许振超硬是凭着自己的细心和努力，用了整整4年的时间，一共倒推了12块电路模板，画了两尺多厚的电路图纸，终于攻克了这项技术的难关。这套模板图纸后来便成了桥吊司机的技术手册，也成了青岛港集装箱桥吊排障、提效的"利器"。

　　一次，一台桥吊上的一块核心模板坏了，许振超跑到电器商店，花8元钱买了一个运控器，回来换上后，桥吊就正常工作了。这要是在以前，换一块模板就要花费3万块钱。

　　2000年，队里的6台轮胎吊发动机又到了大修的时候，许振超找到公司领导主动要求，把这个项目交给他来组织技术骨干完成，一来可以锻炼队伍，二来还能节约不少资金。

　　面对这种复杂的维修工艺，许振超与自己的攻关小组一起边琢磨、边实践，加班加点，终于提前完成了轮胎吊发动机的大修工作。近几年来，经他主持修理的项目累计为青岛港节约了800多万元的费用。

　　许振超不仅自己研究技术，还把各种技术和经验都奉献出来。他系统地总结了自己多年来驾驶和维修桥吊的经验，专门编制了《青岛港集装箱装卸桥吊司机操作手册》。后来，这本手册也成为青岛港桥吊司机的必备教材。

爱岗就要敬业，敬业就要精业。许振超参加工作30多年来，对待工作总是兢兢业业，一丝不苟，勇于钻研技术，克服种种困难，凭着甘于奉献的精神，在平凡的岗位做出了不平凡的成绩。

奥运圣火

火的历史可以追溯到史前时期。在希腊的历史上，火代表着创世、再生与光明。在希腊神话中，火是赫菲斯托斯的神圣象征，也是普罗米修斯以生命为代价从宙斯手中偷得赠送给人类的礼物。

在每一个古希腊城邦的中心，都会有一个燃烧长明圣火的祭坛，而城邦中的居民每家每户也都有长明圣火，以供奉女灶神赫斯提亚。火炬传递最早在古希腊也被作为一种宗教仪式在夜晚举行，时隔不久，就逐渐演变成为首先在青少年中兴起的一种团体竞技运动，并最终演化成为最为流行的古希腊体育项目之一。

在古奥林匹亚城的议事大厅中，有一个供奉赫斯提亚的祭坛，祭坛的圣火是用凹面圆盘或镜面聚焦太阳光点燃的，圣火永不熄灭。在古代的奥运会举办之前，依照宗教规定，人们都要聚集在奥林匹亚宙斯的神庙前，举行庄严肃穆的仪式，从祭坛点燃火炬，然后奔赴到希腊各个城邦。火炬手一路要高举火炬，而且要一边奔跑一边呼喊："停止一切战争，参加运动会！"

奥运火炬也像一道严格的命令，具有至高无上的权力。火炬到达哪里，哪里的战火就熄灭。即使是正在进行激烈厮杀的城邦，见到圣火后也都纷纷放下武器，奔向奥林匹亚参加奥林匹克运动会。

奥运火炬手许振超

2008 年奥运会开幕前，在奥运火炬的传送过程中，全国五一劳动奖章获得者、青岛港桥吊队队长许振超，手举奥运火炬在北京奥运会的主会场工地进行传递。

作为雅典 2004 年奥运会火炬接力北京传递的火炬手，青岛港前湾集装箱码头公司桥吊队队长许振超，在吊桥工作的岗位上始终勤勤恳恳、刻苦钻研，不断追求卓越，由一名普通的工人成长为令世界航运界敬佩的一流桥吊专家。

2004 年，雅典奥运会火炬接力在北京传递期间，54 岁的许振超说："我已经到了不容易激动的年纪，但从摸到火炬的那一刻起，我就感受到一种神圣，一种力量。"

曾蛟干一行爱一行

曾蛟（1964—），中国人民解放军爱军习武模范，第二炮兵某部装备技术科科长。四川省奉节县人。1982年10月入伍，1984年10月加入中国共产党。曾蛟改为导弹兵后，刻苦钻研导弹发射技术，以惊人的毅力苦练硬功，熟练地掌握了8种专业25个号位的操作技能，能够精确地默画出拥有11000多个接点、4000多个技术参数的导弹控制系统电器设备原理图，先后17次参加旅以上单位组织的比武竞赛和军事表演，夺得过14项第一名。

初中毕业后，曾蛟便进入了二炮工程部队。4年后，部队改编，曾蛟从一名钻山洞的工程兵变成了导弹兵。在没有任何基础的情况下，他硬是靠着自己的刻苦与勤奋，在本职岗位上创造了一个又一个令人惊叹的奇迹。

曾蛟在刚刚进入战略导弹部队时，因为习惯了抱风钻、打山洞，后来在面对那些深奥难懂的导弹原理与密密麻麻的电路图时，他感觉到头晕眼花。

面对前所未有的挑战和困难，素有"拼命三郎"之称的曾蛟抱着要干就干出个样子来的信念，靠着当工兵时的那股闯劲、韧劲和拼劲，仅用了一年多的时间，就把与导弹专业相关的10多本教材背得滚瓜烂熟，

系统地掌握了控制系统8种专业25个号位的操作技能。

那年年底，曾蛟首次参加了全旅导弹专业技术比武。在比赛中，他力压群雄，夺得了冠军，并打破了默背10张电路图用时最短、背讲最全的两项历史纪录，荣立二等功。从此以后，曾蛟便稳坐全旅首席导弹操纵员的"交椅"。

然而，曾蛟也深知，控制系统是整个导弹系统的神经中枢，一个称职的操纵手必须能够掌控全局。为了练好眼、耳、手三项功夫，曾蛟经常盯着天上的星星练定力，在各种嘈杂声音中辨别不同指令，蒙着双眼在模拟控制台上反复练习，并默记按钮开关。为了能够登上控制系统电路图默画这座"珠峰"，在连队不到8平方米的仓库中，墙壁上挂的、地板上铺的，全部是被曾蛟分割成的一块块电路图。

3个月后，曾蛟整整瘦了一圈，但是，他却带着自己的"战利品"——近万张草稿纸和数百支铅笔头走出了那间小屋。最终，那一组组技术参数、一条条电路走向、一个个开关按钮，就像经过精心编制的电脑程序一样，从曾蛟口中完完整整地背讲出来，开创了二炮部队历史上的奇迹。

1991年，在新中国成立42周年全军军事训练成果展上，时任排长的曾蛟作为二炮部队的唯一代表，进京为中央领导作汇报表演。他那背讲电路图的绝活，受到了军委首长的充分肯定，并荣立了一等功。

1994年7月，曾蛟被中央军委授予"爱军习武标兵"荣誉称号。1995年3月，曾蛟爱军习武的先进事迹被写进总理《政府工作报告》，成为建军以来我军士兵写进政府工作报告第一人。

□ 故事感悟

曾蛟怀着献身国防、矢志精武的强烈愿望，自觉服从部队建设的需要，干一行，爱一行，专一行。当工兵时，不怕苦累，埋头苦干，成为团队技术过硬的施工能手和技术骨干。如今，军事技术已经发展成为尖端技术，很多陌生的东西是需要优秀人才来掌握，能不能打赢战争，不但需要勇气，更需要掌握先进技术的人才。人不是生来就优秀的，只要肯努力，你也可以成为传奇！

□史海撷英

曾蛟和他的妻子

曾蛟一家共9口人，上有双目失明的爷爷和80岁高龄的奶奶，还有患严重肺结核病的母亲，以及因修房不慎摔断了腰而丧失劳动能力的父亲，下有4个未成年的弟妹。一家人靠着9亩责任田，蜗居在四川大巴山区的一隅。

曾蛟结婚后，妻子毛国秀刚一过门就挑起了这个家庭的重担。她常常是伺候完爷爷，又忙着去伺候奶奶；这边刚照顾完公公，那边婆婆又有事要帮忙，每天都忙得不可开交。遇到农忙季节，就更是忙得不分昼夜了。

可是，不论多苦多累，妻子都从未向丈夫吐过一个"累"字，从未说过一个"苦"字。为了让几位老人晚年生活得幸福一些，吃得好一些，除了牙膏、肥皂、洗衣粉等必备品外，毛国秀从未给自己添置过一件新衣服，但对老人她却毫不吝啬，关怀备至。

有一年冬天，曾蛟的爷爷无意中说想吃点挂面，不料家里和村里的商店都没有了，毛国秀便顶着刺骨的寒风，翻山越岭，跑了十几里的山路到镇上买回了挂面，煮给爷爷吃。

曾蛟的母亲病逝后，为了不影响丈夫工作，毛国秀坚持不让亲人给曾蛟发电报，自己披麻戴孝，为老人料理了后事。

军事气象专家黄衍洪

黄衍洪，第二炮兵某部气象室干部，先后有9项科研成果分获军队科技进步一、二、三等奖，发表过学术论文30多篇，多次被评为中国航空航天优秀气象工作者、全军气象科技先进个人。

1987年，黄衍洪从南京空军气象学院毕业后，被分配到第二炮兵某基地气象站工作。

黄衍洪原本应该成为军官的，但他却因部队精简整编被按军士长安置了。在军校时，黄衍洪学习的是仪器维修专业，结果却被分到了与自己的专业极不对口的气象观测岗位工作。面对理想与现实的差距，黄衍洪曾一度感到困惑和不满，迟迟进入不了工作状态。半年后，他向领导递交了转业申请。

但是，领导的信任与战友的关心让黄衍洪很快便纠正了自己的理想偏差，他最终下定决心，从最基层的气象预报员干起。对于不懂标记符号、不懂基本原理、不懂操作规则、毫无专业基础的黄衍洪来说，要掌握那些变幻莫测的气象云图让他感到十分困难。但是，黄衍洪并没有放弃，而是以一个小学生的姿态，虚心地向身边的专业骨干、技术专家请教学习，常常通宵达旦地背教材、记参数、练操作。

一年以后，凭着顽强的毅力与恒心，黄衍洪不仅可以独立地完成气象云图的观测、绘制工作，还学完了《军事气象学》《天气动力学》等20多本专业书籍，并有3篇论文在《军事气象》等杂志上刊登出来，一跃成为第二炮兵气象行业优秀的气象预报员。

不久，这个求知欲望极强的中专生引起了气象站领导和技术组几名高级工程师的注意。大家被黄衍洪顽强的意志所打动，从这以后，黄衍洪便不时地受到大家特殊的"照顾"。

在专家的指点下，黄衍洪进步得很快，仅用了不到两年的时间，就熟练地掌握了计算机编程与气象装备软硬件技术开发，并被破格抽调到技术组参与重大军事、科研任务。

几个月后，气象室受命研制第二炮兵重点科研攻关项目"第二炮兵气象观测数据处理系统"，黄衍洪被破例任命为某一重点项目的负责人。然而，就在科研项目开始不到三个月时，科研组长和一名重要骨干因故调离，黄衍洪临危受命，挑起了科研攻关的重担。

很多人都觉得，科研组长与骨干被调离了，这个科研项目也就夭折了。可是一年以后，这套系统却在黄衍洪的手中宣告成功，填补了气象观测自动化领域的空白。这项科研成果也被评为军队科技进步二等奖，并在全军中列装应用。

此后，黄衍洪又在科研上不断取得新的突破，先后又有三项新的科研成果荣获部队科技进步奖。由于科研成绩突出，黄衍洪也由军士长直接被提拔为干部，并且还担任着气象室的技术组组长。

在成功和荣誉面前，黄衍洪并没有骄傲，而是继续刻苦努力着。后来，由他负责研制的"温度、湿度、气压自动计量检定系统""大气电

场信息综合分析和预测系统""短期天气预报保障平台"等17项科研项目,均获得了军队科技进步奖,成为全军军事气象领域的骄傲。

■故事感悟

岗位再小,也是通往成功之门的一把金钥匙;困难再大,只要勇于攀登,终能登上峰顶。黄衍洪面对困难不屈服,成绩面前不骄傲,岗位成才创佳绩的精神风格不仅让人敬佩,更值得我们学习和借鉴。

■史海撷英

黄衍洪一事

有一次,黄衍洪所在的部队执行某型号的实弹发射试验任务。就在导弹装备已经进入临发射的状态时,驻地三区四县有多半地域突然电闪雷鸣,大雨倾盆,发射场上空也是乌云密布,眼看大雨就要来临了。同时,执行气象保障任务的实验基地气象专家组认为大雨也将会持续,不能实施发射。

然而,黄衍洪经过认真分析预测后认为:在发射前30分钟,雷暴雨会完全停止,天空将会是晴天无云,导弹可以准时发射。

果然,当天8时29分钟刚过,天气情况完全如黄衍洪所预料的那样,天晴了,发射试验任务也得以正常进行。

■文苑拾萃

中国的三个卫星发射中心

中国的卫星发射中心一共有三个,分别为酒泉卫星发射中心、西昌卫星发射中心和太原卫星发射中心。

酒泉卫星发射中心位于内蒙古自治区阿拉善盟额济纳旗及甘肃省酒泉市金塔县交界的巴丹吉林沙漠西北边缘，也被称为东风航天城，是我国科学卫星、技术试验卫星和运载火箭的发射试验基地之一，是我国创建最早、规模最大的综合型导弹、卫星发射中心，也是我国唯一的载人航天发射场。

　　太原卫星发射中心位于山西省太原市西北的高原地区，海拔 1500 米左右，与芦芽山风景区毗邻，是中国试验卫星、应用卫星和运载火箭发射试验基地之一。

　　西昌卫星发射中心位于四川省境内，始建于 1970 年，主要是以承担地球同步轨道卫星发射任务的航天发射基地，担负着我国的通信、广播、气象卫星等试验发射和应用发射任务。

第五篇

舍身为民

冷鼎亨为官勤苦自励

冷鼎亨（生卒年不详），字镇雏，招远县冷家庄子村人。1865年（清同治四年）进士，历任瑞昌、德化、新昌、彭泽县知县，其所至之处，劝农桑，兴学校。德化县城，濒江临险，历任县令皆整修堤坝。前县令费金万余而功不就，冷鼎亨到任，耗金四千，数月告成，并植柳护堤根，县民称堤为"冷公堤"。冷鼎亨在受理一桩叔侄争田的诉讼时，微服私访，于树下与民闲谈，辨其曲直，调解纠纷，使叔侄和好如初，民呼此树为"冷公树"。后来，冷鼎亨调任鄱阳令，未及赴任，鄱阳洪水大作，冷鼎亨急驰往。他赤足立泥淖中勘查险情，了解民众疾苦，开仓赈灾，惩办侵粮胥吏，旋即上奏朝廷，请款筑堤，用以工代赈法使灾民借以得粮。1871年，冷鼎亨升任南昌府同知。1872年乞假修墓，卒于家。著有《凤翔山房文集》二卷。清史列循吏传。

冷鼎亨先后在江西五个县任职，历官十余载。他留给人们的印象是：肯于吃苦耐劳，处理政务毫无倦怠，是个忠于职守、兢兢业业的父母官。史载：冷鼎亨"在官食无兼味，公服外无玩具鲜衣，

妻子衣履皆自制，购食物，严禁官价，市买于民"，而所到之处，"皆有实政"。

冷鼎亨最初任职的瑞昌县是个有名的贫困之乡，以往任知县的人大多以该职非肥缺而荒于理政，而胥吏更是百般扰民，百姓"每因之破家"，因而，县愈贫，民愈苦。

冷鼎亨上任后，首先惩办殃民的"猾吏"，对他们"绳之以法"，并下令不许他们再扰民。他还经常下乡了解民情，处理问题。为了不给各乡增加负担，每次下乡他都自备食物，并让人打出一块大牌子，写上"严禁供张"，走在最前边，然后让属员均随其后，不得先行，以免暗收馈赠；返回县衙时，则令属员走在前，自己殿后。数年之中，"未尝以杯勺累民"。

冷鼎亨还与百姓同甘共苦，努力发展生产，经过几年的努力，终于使瑞昌的情况有所好转。因此，当他期满离任时，"百姓争具牍乞留，不能得，则垂涕相吊"。

德化县（今属九江市）旧有濒江堤塘，由于年久失修，经常发生水患，时时威胁着百姓的人身安危。冷鼎亨上任前，前任知县曾奏请拨银万两修复，但未能修成。冷鼎亨上任后，不畏艰苦，废寝忘食，日夜督修，数月即完工，仅用白银4000两。

随后，冷鼎亨又带领百姓在河边种植柳树，以护堤根。"民间遂以冷公名其堤"，称为"冷公堤"。

有一年，德化及附近的几个县内遭遇蝗灾，各县长官中只有冷鼎亨"徒步烈日中，掩捕弥月不倦"。由于知县以身作则，百姓也更加不畏劳苦，争先驱蝗，不久便战胜了蝗灾，而其他的县都不如德化。

县内白鹤乡有叔侄二人，为了争夺田产，一直闹得水火不容，打得不可开交。冷鼎亨闻讯后，亲自赶到白鹤乡，坐在一棵大树下给两人调解，劝叔侄二人和睦相处，终于感动二人，使事情得以妥善解决。后来，乡人即称该树为"冷公树"，以表示对冷鼎亨不辞劳苦调节民间矛盾的怀念。

鄱阳县是江西省直管县，冷鼎亨由于以勤苦著称而被调任该县县令。还没等冷鼎亨到任，这里已经是洪水泛滥了。一时田庐被毁，百姓流离。

冷鼎亨闻讯后，毫无回避之意，急促赴任，赶至灾区，"朝夕跣足露立炎天沮洳中"。一次，"乘小舟行骇浪间，桅再折，几死"。尽管如此，他仍不畏艰难困苦，以致"湿疾遍体，前后凡十月"。他白天战洪水，"返署虽深夜，听断不休，其坚苦恤民如此"。

同时，冷鼎亨还积极发官仓赈济灾民。以往在赈灾过程中，胥吏多会从中舞弊，侵吞钱粮。为了防止胥吏为奸，冷鼎亨不辞劳苦，详细地了解灾民情况，然后亲自填写印票，使灾民按票取粮，"终事无侵蚀"。

在洪水退后，冷鼎亨又呈请以工代赈，建议修筑长堤，既可防止水患，又可"使饥民借佣以得食"。在冷鼎亨的努力下，鄱阳县百姓得以安顿。

冷鼎亨任官十余年，几乎没有闲暇的时候，"暇则筑塘堤，兴水利，建津渡，设义学、义仓、育婴诸政"，可谓勤苦自励的典范。兵部侍郎彭玉麟在巡阅长江水师途经江西时，了解到冷鼎亨的情况后，大为赞扬："某所至三江五湖数千里，未见坚刚耐苦如冷知县者也。"这也是对冷鼎亨的最高评价。

正是因为有了这种"坚刚耐苦"的精神，冷鼎亨才能够做到勤政爱民，并使自己"循声远播"。

■ 故事感悟

如果地方官员都能如冷鼎亨般兢兢业业、勤苦自励，那么，他治理下的百姓定能受益多多。冷鼎亨为后人称道，必缘于此。

■ 史海撷英

彭玉麟领湘军水师

彭玉麟生于嘉庆二十一年（1816），直到37岁时还是个穷困潦倒的穷秀才。眼看一生就要这样在困厄中度过，忽然间，一个从天而降的机遇落到了他的头上。

咸丰三年（1853），从长沙被挤兑出局的团练大臣曾国藩率领1000名湘勇来到衡州府，决定借衡州府这块军事要地大力扩充湘军，并极有远见地筹建了十营水师。

曾国藩曾多次邀请彭玉麟到自己的军营中来，彭玉麟便受命带领一营水师，并由此起家，很快统领了整个水师。

同治三年（1864），彭玉麟与曾国荃的吉字营配合打下南京，同水师的另一个统领杨载福一道受赏为一等轻车都尉世职，加太子少保衔。杨载福随即赴兰州就任陕甘总督，彭玉麟则以兵部侍郎的身份一人独领水师。在湘军十裁其九的大遣散时期，水师破例地被全军保存，并列入朝廷的经制部队，改名为长江水师。彭玉麟亲手制订长江水师章程，并依此章程重建水师。晚清政府的一支重要军事力量便由此产生了。

《感怀》二首

（清）彭玉麟

其一

少小相亲意气投，芳踪喜共渭阳留。

剧怜窗下撕磨惯，难忘灯前笑语柔。

生许相依原有愿，死期入梦竟无繇。

黄家山里冬青树，一道花墙万古愁。

其二

皖水分襟十二年，潇湘重聚晚春天。

徒留四载刀环约，未遂三生镜匣缘。

惜别惺惺情缱绻，关怀事事意缠绵。

抚今思昔增悲哽，无限心伤听杜鹃。

舍身救火的向秀丽

向秀丽（1933—1959），12岁进火柴厂当童工。新中国成立后，先后在广州市和平制药厂、何济公制药厂当包装工人。1958年12月13日，向秀丽所在的车间因酒精瓶破裂，酒精蔓延起火，危及烈性易爆的金属钠，她侧身卧地，截住燃烧着的酒精，避免了一场严重的爆炸事故，而自己因伤势过重，抢救无效，于次年1月15日去世。

1933年，向秀丽出生在广州市的一个贫苦家庭。新中国成立后，向秀丽到广州市何济公药厂工作。药厂里的工作十分辛苦，但她从来没有叫过一声苦，没有喊过一声累。

1958年12月13日的晚上，向秀丽与另外两名年轻的女工罗秀明、蔡秋梅一起在何济公药厂四楼的化工车间加班制造化学药剂"甲基硫氧嘧啶"。

当时，罗秀明正准备把一瓶净重25千克的无水酒精倒入量杯。向秀丽见她提得吃力，就过去一起帮忙倒。最初两人配合得非常默契，但就在向秀丽开始倒第三杯酒精时，越来越倾斜的瓶身突然失去平衡，掉在地上，摔得粉碎，20多千克的酒精一下子全部倾泻出来，流向车间内10个火红的煤炉边。一接触到煤炉的热气，酒精刹那间便燃烧起来，车间内瞬间变成了一片火海。

更可怕的是，有7桶60千克重、用煤油浸着的金属钠就放在离酒精倾泻处不到4米的地方。金属钠遇水或高温时，立即便会发生爆炸。一旦发生爆炸，不仅整个工厂将毁于一旦，还会殃及到上下9个商业区的商铺、居民、学校。

就在这紧急关头，向秀丽来不及考虑自己的安危，拼命地用帽子、围裙扑打酒精，阻止火势蔓延。大火烧毁了她的帽子、围裙，向秀丽想都没想，后来直接伸出双手阻挡酒精流向金属钠。看着大火中几乎变成火人的向秀丽，蔡秋梅失声惊叫："阿丽，你身上着火了，快走吧！"

说完，蔡秋梅急忙冲到向秀丽身边，要为她扑灭身上的火。而向秀丽却一把推开她，大声说："别管我，快去叫人救火！"

大火仍然在迅速地蹿动，金属钠已经冒起了白烟。向秀丽拼尽自己的全身力气，猛地扑在地上，用自己的身体挡住了来势凶猛的火流。

大火最终被闻声赶来的工人们扑灭了，而向秀丽的下身却被严重烧伤，双腿僵直得无法弯曲，膝盖被烧得几乎可以看见骨头。

在医院昏迷了三天三夜后，向秀丽渐渐苏醒过来。她睁开眼后说的第一句话就是："金属钠有没有爆炸？工厂有没有损失？罗秀明有没有受伤？"

在住院治疗期间，向秀丽以超乎常人想象的意志力忍受着病痛的折磨。每次为她除腐肉、植皮、输血、注射，医护人员都不忍心看她的脸。每次疼得想呻吟时，向秀丽都坚强地咬牙忍住，有时实在忍不住，只好叫医护人员打开留声机，让歌声淹没自己微弱的呻吟。

尽管医院千方百计地对向秀丽实施抢救，但最终未能挽救向秀丽的

生命。在火灾发生33天后，向秀丽离开了人世。

向秀丽舍身救火的事迹传开后，全国各地掀起了学习"向秀丽精神"的热潮。林伯渠、董必武、郭沫若、陶铸等国家领导人为她作诗题词。林伯渠在诗中写道：

磊落光明向秀丽，扶危定倾争毫厘；

一身正比泰山重，风格如斯世所师。

1959年，广州市人民政府追认向秀丽为"革命烈士"。

■故事感悟

向秀丽为了保护国家财产，不顾个人安危，扑向火海，最终将一腔热血洒在了自己平凡的岗位上。"让向秀丽精神代代相传"。

■文苑拾萃

钠

钠的化学反应活性很高，在氧、氯、氟、溴蒸气中都会燃烧。遇水或潮气会猛烈反应放出氢气，并大量放热，引起燃烧或爆炸。金属钠暴露在空气或氧气中能自行燃烧并爆炸，使熔融物飞溅，还能与卤素、磷、许多氧化物、氧化剂和酸类产生剧烈反应。金属钠燃烧时呈黄色火焰。100℃时开始蒸发，蒸气可侵蚀玻璃。

钠在空气中能自燃，燃烧产生的烟（主要含氧化钠）对鼻、喉及上呼吸道有腐蚀作用及极强的刺激作用。同潮湿皮肤或衣服接触可燃烧，造成烧伤。

任长霞因公殉职

任长霞（1964—2004），河南省睢县人。1983年加入公安队伍，从事预审工作13年，在郑州公安系统、市政法战线及省预审岗位练兵大比武中均夺取过第一名，协助破获大案要案1072起，追捕犯罪嫌疑人950人。1998年，任长霞被任命为郑州市局技侦支队长后，曾多次深入虎穴，化装侦察，亲自抓获了中原第一盗窃高档轿车主犯，先后打掉了7个涉黑团伙，抓获犯罪嫌疑人370多名，被誉为警界女神警。

2001年4月，任长霞调任河南省登封市公安局局长。这不仅在登封市的历史上，就是在河南省的历史上，她也是第一位女性公安局局长。

任长霞担任公安局局长的消息传开后，群众开始议论纷纷，担心这个女公安局长不能维护一方治安。公安局里的很多民警也对任长霞能不能胜任局长的职务抱着怀疑的态度。

在上任第一天，任长霞就工作到深夜。她亲自查访岗亭和派出所，了解治安与出警情况，并对3名不合格的治安员当场予以

清退。

接下来的一个多星期，任长霞跑遍了登封市的17个乡镇区派出所，并在全市发放了1.5万份征求意见表。随后，她又抽调了20余名民警成立"控申专案组"，规定每周六为局长接待日，积极倾听群众呼声，了解百姓民意，查找工作中存在的问题。对来访群众所反映的问题，哪怕是一点儿小事，任长霞也都要求查个水落石出。

2001年10月，任长霞通过公开竞聘上岗的方式，在全局范围内选拔派出所所长。一批有才干的民警从中脱颖而出，成为骨干中间力量。民警的工作热情空前高涨，"逢一必争，逢冠必夺"在登封市公安局内蔚然成风。

在以任长霞为局长的登封市公安局党委的正确领导下，一些重大和遗留案件也相继得以告破。在办案过程中，任长霞严谨认真，一丝不苟。在一起杀人案件中，她第一时间到达现场。在分析过案情后，她把自己一个人关在案发的房子里，与尸体一起待了整整一夜，终于从现场的蛛丝马迹中找到线索，迅速地侦破了案件。

随着一起起案件的告破，老百姓们服了，民警们也服了。群众都说："咱登封来了个女神警，案发一起破一起。"

任长霞在老百姓中获得了极好的口碑，几乎每个人都知道登封有一位实实在在给老百姓办事的任局长。他们还经常聚在一起，讲述见到任局长时的情形，念叨着任局长帮他们做的每一件好事、实事：探望困难老乡，帮孩子建希望小学，把手机号留给乡亲们，替老百姓主持正义……

2004年4月14日，任长霞不幸遭遇车祸，因公殉职，年仅40岁。在追悼会那天，登封市万人空巷，14万群众自发前去悼念，与他们心中的英雄道别，这在登封的历史上尚属首次。

40岁正是人生最壮美的季节，而任长霞却猝然倒在了为之奋斗不息的公安战线上。任长霞具有无比崇高的敬业精神，她热爱本职工作，奉献于本职工作，最后将一腔热血洒在了自己热爱且为之奋斗终生的事业上。她的精神可歌可泣，值得后人学习。

■史海撷英

女人如水

女人是水做的，任长霞也不例外，只不过，她在水的外面还包了一层薄薄的硬壳——警察是一个风格很硬朗的职业，如果任长霞不把自己的外壳磨得粗糙一点儿，就没法在这个职业中打拼。可是，一有什么风吹草动，任长霞的女性本质就会露出来，那就是——流眼泪！

每逢局长接待日，由于人太多，任长霞就把群众集中起来，对大家说："我对大家很同情，我们一定抓紧解决，抓紧查处！"

说着，她的眼泪就"噼里啪啦"地往下掉。上访的群众见了，也都流泪，哭成一团。

■文苑拾萃

文化名城——睢县

睢县是河南省著名的历史文化名城，境内有众多的名胜古迹，主要有春秋时期的宋襄公墓、唐代的无忧寺塔、宋代的圣寿寺塔和东坡居士的宝墨亭、明代的袁家山和清初的汤斌祠等旅游景点。

闻名遐迩的睢县北湖原本是明代睢州旧城遗址，湖面阔达 4500 多亩。湖区文化遗迹繁多，著名的有襄陵、宋襄公望母台、甘菊泉、苏轼留墨处、汤斌读书处等，享有"中原明珠"的美誉。

人民的好公仆牛玉儒

牛玉儒（1952—2004），内蒙古通辽人。历任内蒙古自治区纪委秘书长、内蒙古自治区政府秘书长、中共内蒙古自治区包头市委副书记。1997年4月，牛玉儒在内蒙古自治区包头市人大十届五次会议上当选为市长。2001年2月任内蒙古自治区副主席。2003年4月任自治区党委常委、呼和浩特市委书记。牛玉儒是第九届全国人民代表大会代表。

1952年11月，牛玉儒出生于内蒙古自治区通辽市的一个革命干部家庭。在30多年的革命生涯中，作为新时期党的高级领导干部，牛玉儒同志始终奋发有为，开拓创新，成为领导干部之中勤政敬业的典范。

1996年5月3日，内蒙古包头市发生了6.4级大地震，给人民群众的生命财产造成了巨大的损失。地震发生后不久，牛玉儒便出任包头市市长。在这期间，又恰逢经济大规模转轨，国有企业步履维艰，工业经济陷入困境之中，各种矛盾问题都十分突出。

这样的现状，对牛玉儒来说是一个非常严峻的考验。在进行了深入

的调查研究后，牛玉儒明确地提出，包头的工业经济必须走"大企业组集团、小企业民营化，大力优化资本结构，培育具有核心竞争力产品"的路子。

在市委的领导下，牛玉儒带领政府有关部门的同志，对全市的23户重点企业进行了大刀阔斧的改组改造，对83户困难企业实施了兼并破产、增资减债，并先后组建了钢铁、稀土、铝业、化工、羊绒等一批大型企业集团，培植了6大类38种拳头产品，成功地推进了稀土高科、明天科技、华资实业、钢联股份、北方重汽等企业的股票上市。按照一企一策、一企多策的办法，放开搞活了655户中小企业。

经过几年的努力，包头市12万下岗职工实现了再就业，14万企业离退休人员按时足额地领到了养老金。许多国有企业的职工都动情地说，这是牛市长为我们找回来的饭碗和活命钱呀！

2001年2月，牛玉儒当选为内蒙古自治区副主席，分管对外开放等方面的工作。

当时，内蒙古自治区对外开放的程度不高，因此吸引和利用外资的水平也很低。为了迅速扭转这种被动的局面，牛玉儒从抓项目建设与规划编制入手，在建立和完善重点项目库的基础上，主动提出了在2001年全区引进国内资金200亿元、进出口总额增长20%、直接利用外资2亿美元的奋斗目标，其中，还要求利用外资和引进国内资金实现翻番的目标。这在当时的内蒙古几乎是不可能实现的。

然而，为了实现这一目标，牛玉儒紧紧地抓住重点地区和重点企业不放，积极参与自治区政府组织的赴俄罗斯、蒙古的招商引资等活动，并多次亲自带队到沿海的发达地区招商引资和进行经贸洽谈。与此同时，牛玉儒还全力推进满洲里、二连浩特口岸的"大通关"建设，积极营造对外开放的软环境。经过牛玉儒的努力，当年一举超额完成了年初确定的奋斗目标，实现了内蒙古自治区对外开放的新突破。

内蒙古自治区的首府呼和浩特在进入新世纪以后，经济社会出现了前所未有的发展势头。为了能够将这种大好的形势继续保持下去，同时再次创造新的辉煌，牛玉儒提出了"到2007年内蒙古自治区成立60周年的时候，全市经济总量、财政收入、城乡居民收入要在2003年的基础上实现翻番，综合经济实力和人均收入水平位居五个少数民族自治区首府城市第一"的奋斗目标，并将对外开放、招商引资等行为作为实现这一远大目标的主要措施。

在呼和浩特工作的一年多时间里，牛玉儒经常亲自到外面去招商，与外商洽谈项目，考察城市建设。每次外出，他都把自己的日程安排得满满的。在牛玉儒的努力及其人格魅力的感召下，一大批带动力强、发展前景好的大项目都相继落地到呼和浩特市。

在工作过程中，牛玉儒始终都牢记全心全意为人民服务的宗旨，亲民、爱民。他经常说："我希望和老百姓能够随时接近，能够经常听到老百姓的声音。"

在包头担任市长期间，牛玉儒还提议开通了市长电子信箱和热线电话，并破例写下了"要办，就一定要努力办好"的题词。对于下岗工人反映的取暖费调价后负担不起、包钢夜班工人休息遭噪音干扰以及贫困学生上不起学等问题，他都通过这一渠道给予了市民满意的解决。

在呼和浩特市工作期间，牛玉儒还先后批阅了314封群众来信，而且让信中的事事事有着落、件件有回音。他经常说："群众找我们办事都是大事、急事、难事，我们决不能推。"

　　牛玉儒还时时关注着弱势群体的生活。2004年春节前夕，牛玉儒慰问了当地的困难户。在来到残疾老人孙震世的家中时，看到孙家的生活境况十分窘迫，他的心情十分沉重。当他看到老人的家中连一台电视机都没有，就对同来的民政局局长说："你们去调查一下，摸个底儿，看看全市还有多少这样的困难户看不上电视。咱们想想办法，从几个渠道凑点钱，争取给每家都买上一台。"

　　就这样，在牛玉儒的亲切关怀下，在除夕夜，全市近500多户没有电视的困难群众都看上了春节联欢晚会。

　　牛玉儒虽然曾身居高位，但他从来不让自己高高在上，而是事事以大局为重，做好领导干部讲政治、顾大局的榜样。在参加工作的几十年中，他也曾调整工作十几次，每当组织需要他的时候，无论担子有多重，无论工作有多艰难，他都会认真负责地去做好。在很多非常时期、紧要关头，他也都义无反顾地迎难而上，经受住了种种考验，向党和人民交上了一份份出色的答卷。

　　然而，长期的辛劳工作，使牛玉儒患上了结肠癌。噩耗传出后，亲人、朋友、下属、领导都十分悲痛，要牛玉儒马上诊治。但牛玉儒却把自己的生死置之度外，抓紧时间工作，最终还是被亲友强迫送往北京协和医院治疗的。

　　手术后，在身体极度虚弱的情况下，牛玉儒还三次偷偷跑回呼和浩特主持工作，然而在七届人大会议之后，他的病情再度恶化，被送回了医院。

　　临终前，牛玉儒深刻地检讨了自己，承认自己犯了一个很大的错误，就是没有保养好自己的身体，欠呼和浩特人民一条命。如果再让他活上三五年，他肯定会为老百姓多做几件实事、好事，为人民这个父母尽忠尽孝！

牛玉儒如此宽广博大的胸怀，感动了所有人，也为他自己的人生画上了一个完美的句号。

■故事感悟

牛玉儒为官期间，从不为个人谋取利益，是领导干部廉洁自律的表率。他为了党和人民的事业，殚精竭虑，鞠躬尽瘁，是一头默默耕耘的孺子牛。

■史海撷英

牛玉儒工作一事

2003年4月，牛玉儒同志出任呼和浩特市市委书记。刚刚上任三天，非典疫情就在呼和浩特市蔓延开来，呼和浩特也成为全国重疫区之一。

牛玉儒同志坚决执行党中央、国务院和自治区党委的一系列重大决策和部署，率领全市人民与非典疫情展开了殊死的搏斗。他经常进医院、入企业、到学校，查疫情、听汇报、作决策，吃住都在办公室中进行，这样一干就是40多个昼夜，最终打赢了这场没有硝烟的战争。